리스크 커뮤니케이션과 위기관리 전략

Risk
Communication
Manual

유플러스연구소 신서 08-02

리스크 커뮤니케이션과 위기관리 전략

Risk
Communication
Manual

송해룡 I 김원제 I 조항민 지음

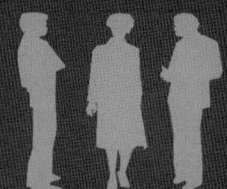

위기관리 커뮤니케이션 전략매뉴얼

한국학술정보㈜

머리말

Si Vis Pacem Para Bellum
(If you Want Peace, then Prepare for War)
"평화를 원하거든 전쟁에 대비하라"
— 로마의 전략가 베제티우스

01. 우리 삶을 위협하는 위험(리스크)의 범람, 우리에게 필요한 것은?

조류인플루엔자, 광우병, 유전조작식품, 지하철 안전사고, 대형 교통사고 및 비행기 추락사고, 어린이 유괴, 강도 및 강간, 대교 및 건물붕괴, 도시가스 폭발, 원자력발전소 방사능 누출과 화학공장의 폭발위험, 황사, 수질오염, 해킹, 바이러스, 자살 혹은 폭탄제조 사이트, 휴대폰 전자파 등은 우리의 삶을 위협하는 위험(리스크)들이다.

이처럼 기술문명이 발전할수록 물질적인 풍요는 늘어날지 모르지만 정작 우리의 삶은 점점 불안하고 위태롭고 피폐해지는 상황이 전개되고 있다. 새로운 지식정보를 기반으로 현대사회가 날로 복잡해지고 있으며, 이러한 복잡성 안에서 인간의 삶의 질을 위협하는 위험요소가 빠른 속도로 증가하고 있는 것이다.

이른바 '위험사회(risk society)'가 우리의 삶 깊은 곳으로 들어왔다. 위험사회의 본질 중 하나는 '안전'과 '위험'의 충돌이며, 소위 시스템 위험이 높아진다는 것이다. 객관적으로 존재하는 위험의 개념보다는 사회적으로 인식되고, 구성되는 위험 개념이 일반인에게 더 많은 영향을 미치고 있음을 볼 수 있다.

하여 이러한 위험사회를 살아가기 위한 신념을 제시한 울리히 벡의 충고가 더욱 절

실해지는 상황이다. "새로운 것들에 대한 잘못된 집착을 버리고 아울러 전통의 풍부함을 간직하게 하면서 우리에게 쏟아지는 새로운 것들을 진정 새롭게 생각하고, 대처하며 살아갈 수 있는 용기와 지혜"가 우리에게 필요한 것이다.

02. 리스크, 피할 수 없다면……

위험이 피할 수 없는 것이라면, 공적인 커뮤니케이션 이슈로 삼아 그에 대한 대응책을 모색해야 하며 위험과 관련한 핵심 주제들을 필히 공론화해야 할 것이다. 이에 대한 필요성이 시급히 제기된다.

그간 우리사회에서 위험은 사회적 논의의 대상이 아니었다. 이로 인해 공공부문이나 민간부문 모두 위험을 과대하게 혹은 과소하게 인식함으로써 위험에 대해 과학적으로 대응하지 못하였고, 사회 전반에서 안전에 대하여 둔감한 현상마저 나타났다. 이 때문에 현대사회의 위험요소가 사회에 미치는 영향이 부정확하게 진단되거나, 위험에 대한 학제적 평가가 부재하여 위험관련 중요 의사결정이 잘 못되는 사례들이 종종 있어 왔다. 이러한 배경에서 '위험'이라는 주제를 커뮤니케이션 영역에 포함시켜 학술적 논의의 대상으로 삼아야 할 필요성이 제기된다.

급격한 산업화와 정보화로 인해 우리사회는 다양한 기술위험에 노출되어 있다. 그러나 이러한 리스크를 체계적으로 관리하려는 사회적 노력은 선진국에 비해 크게 부족한 실정이다. 특히 아직도 리스크는 기술적으로 극복되어야 하고 따라서 그 관리는 과학기술자들이 전담해야 한다는 생각에서 크게 벗어나지 못하고 있다. 하지만 기술주의적 환상은 깨진 지 오래다. 리스크는 기술적 성격과 더불어 사회적 성격을 매우 크게 가지고 있다. 예컨대, 원자력 시설의 입지를 반대하는 주민에게는 '과연 얼마나 위험한가(기술적 문제)'보다는 '정부나 산업을 믿을 수 있는가?(신뢰의 문제)', '내 집, 내 땅의 가치가 떨어지지는 않을까?(경제적 문제)', '왜 하필이면 내가 위험부담을 져야 하나?(형평성의 문제)' 등 사회적 문제들이 관심의 초점인 것이다. 이는 결국 해당 위험과 관련된 의사소통, 즉 위험커뮤니케이션의 문제로 귀결된다. 이러한 맥락에서 최근의 광우병 사태나 휴대폰 전자파 위험은 커뮤니케이션을 무엇보다도 중요한 문제로 제기하고 있다.

03. 리스크, 커뮤니케이션이 핵심

위기관리 핵심은 커뮤니케이션 활동에 있다. 즉 위기관리 커뮤니케이션이 요구되는데,

기업 / 정부에 위기사건이 발생했을 경우, 기업 / 정부와 관련된 다양한 이해관계자(소비자, 시민단체, 지역주민, 언론 등) 간 커뮤니케이션 과정을 관리하여 사건이 위기로 발전하는 것을 막고 조직의 명성을 방어하기 위한 전략적 커뮤니케이션 과정이 필요하다는 것이다.

그럼에도 우리사회의 위험 의사소통은 매우 빈약한 실정이다. 과학기술자들은 사회적 인식에 대해 관심이 적고, 대중은 과학적 지식에 취약하다. 그로 인해 잦은 정보의 통제나 왜곡이 일어나고, 이에 대한 사회적 불신과 저항이 거세져서 자주 갈등이 확산되는 양상으로 발전되곤 한다. 위험관련 정보를 제공하는 경우에 정보 제공자는 목적을 위한 도구적 접근에 치중하고 있고, 정보 수용자는 각기 자신의 관점에서 이해하고 재해석하여 커뮤니케이션의 실패로 이어지는 경우가 많다.

위기관리 커뮤니케이션의 중요성에도 불구하고, 기업과 정부는 이를 간과하여 치명적인 타격을 입기도 한다. 위기상황이 발생하면 기업 혹은 정부는 언론의 집중적이고 집요한 취재 대상이 되는 것은 물론 소비자 혹은 국민의 주시하에 공적 이슈로 취급받게 된다. 또한 이러한 상황에서는 소문이 나돌고 갖가지 견해가 넘쳐나는 등 혼란스러운 커뮤니케이션 상황이 발생하는데, 바로 이때 빠르고 효과적인 커뮤니케이션 차원의 위기 대응이 필수적으로 요구되는 것이다. '아무것도 말하지 않고 침묵하기' 혹은 '시간을 벌며 사건을 조용히 봉합하기'는 더 이상 최상의 선택이 아니다. 위기상황 시 해당 기업 혹은 정부가 그 사건에 대해 적절하게 대응하지 않을 경우 언론과 국민은 기업 / 정부가 이슈에 대해 신경 쓰지 않거나 또는 훨씬 더 심각한 상황을 숨기고 있다고 생각하기 때문이다.

한편 우리나라의 리스크 커뮤니케이션은 '이슈 관리' 수준이라기보다는 '갈등 후 대응' 수준에 머무르고 있다. 기술 개발 단계와 규제현안에 따라 나타나는 각 단계별 리스크 관련 이슈에 대해 체계적으로 대응하지 못하고 있으며, 이로 인한 사회적 갈등 가능성을 야기하고 있는 실정이다.

위험 논쟁이 과학적인 장르를 벗어나 사회, 문화적 맥락에서 다루어지고 있다는 것은 주지의 사실이다. 위험 논쟁에 가장 중요한 것은 위험 관련 이슈를 과학적 이슈가 아닌 사회적 현상으로 보고, 사회적 접근방법에 의해 이해하려는 자세를 갖는 것이다. 즉 위험 논쟁의 과정을 과학과 기술의 패러다임이 아닌 사회를 구성하는 구성원들의 정치적 이슈 구성의 패러다임으로 이해할 필요가 있다는 것이다.

실제 혹은 잠재적 리스크로 인한 사회적 갈등은 사회가 다양하게 분화될수록 점차 증가할 것이다. 또한 각종 위험에 대한 막연한 불안감이 해소되지 않는다면 그로 인한 사회적 비용 역시 증가할 것이 분명하다.

기술의 개발이 곧 '성장'을 의미하기 때문에 기술에 대한 수용성이 역시 높을 것이라고 기대하던 시대는 지난 지 이미 오래다. 성장 이데올로기가 우리 사회 전반에 걸쳐 다른 어떤 가치보다 우선시되던 시대에는 기술의 발달이 곧 삶의 향상으로 인식되어 높이 평가되었으나 최근에는 '안전'의 가치가 다른 어떤 이익보다 우선시되고 있다.

과거에는 새로운 기술 개발에만 주력했다고 하면, 이제는 기술개발이 사회에 미치는 파급효과를 고려해야 하고, 사회의 기여도가 정당성을 획득해야만 기술 개발이 의미를 갖게 된다고 할 수 있다.

따라서 지속적인 리스크 커뮤니케이션을 통해 개발된 기술이 가져오는 편익과 위험 관련 정보를 객관적으로 전달하고, 위험 규제 절차 및 활동에 대한 국민적 이해를 도모하는 한편 합리적인 위험 논쟁을 활성화하게 되면 과장된 위험인지로 인한 사회적 갈등을 완화시키고, 불필요한 사회적 비용도 줄일 수 있을 것이다.

04. 기업의 지속가능경영, 위기관리 커뮤니케이션이 관건

최근 여러 위기상황으로 기업의 생존이 위협 당하게 되자 기업들은 위기관리에 대한 중요성을 새삼 절감하고 위기관리 작동 시스템을 구축하려는 움직임을 보여주고 있다. 하지만 위기관리에 대한 인프라 구축에 앞서 기업들이 미흡하게 대응하는 부분이 바로 커뮤니케이션이다. 많은 기업이 위기관리의 중요성을 인지하고 시스템을 꾸려놓은 뒤 실행하지 않는 경우가 비일비재하다. 이는 위기관리를 효율적으로 수행할 수 있는 위기관리커뮤니케이션 시스템을 제대로 갖추고 있지 못하기 때문이다.

최근 많은 기업에 닥친 위기상황은 위기 자체가 주는 위협보다는 불필요한 오해와 루머 그리고 왜곡된 정보 전달 등 커뮤니케이션 문제로 인해 위기를 더 크게 증폭시킨다는 것이다. 이러한 현실에도 불구하고 현재 우리 기업의 위기관리 커뮤니케이션 능력과 대응 전략은 미약한 수준이다. 또한 위기관리 커뮤니케이션 대응을 언론대응 정도로만 인식하는 기업이 대다수이다. 따라서 다양한 이해관계자들에게 적용할 수 있는 위기관리 커뮤니케이션 대응 방안이 시급히 마련되어야 하는 상황에 직면하고 있다. 위기관리, 위기관리 커뮤니케이션은 언론과의 관계는 물론 소비자, NGO, 정부 등과의 관계가 모두 망라되어야 한다. 이를 경영전략 차원에서 통합하지 않으면 시너지 효과를 얻을 수 없다.

위기관리 커뮤니케이션은 위기관리 계획의 실행과 연관되어 있다. 따라서 위기관리를 계획하는 단계에서 커뮤니케이션의 원칙을 설정해 두는 것은 매우 중요하다. 또한 실행 단계에서는 기업의 위기상황을 설명하고 대변할 수 있는 대변인을 지정하고 나서 이 원칙에 따라 일관된 목소리를 내는 것이 중요하다. 특히 위기관리 계획이 미리 준비되어 있다고 보고 그것을 실행하고자 할 때 외부 공중과의 커뮤니케이션은 매우 중요한 부분이다. 실제로 위기발생 시 기업이 어떠한 위기관리 커뮤니케이션을 사용하느냐에 따라 다양한 스테이크홀더들의 반감을 최소화시키거나 반대로 조직의 명성을 훼손시킴으로써 치명적인 상처를 받을 수 있다.

또한 위기 상황 시의 외부 커뮤니케이션 과정뿐만 아니라 내부커뮤니케이션 과정은 매우 중요한 요소이다. 위기는 현장의 직원에서부터 최고 경영자에까지 이르는 과정에서 신속하고 정확하게 전달돼야 하기 때문이다. 늑장 보고, 왜곡 보고 등으로 최초 보고자와 최고 경영자 사이에 간극이 생기면 이미 그 위기상황은 걷잡을 수 없는 상황으로 치달을 수 있기 때문이다. 이런 문제는 커뮤니케이션 교육과 시스템 구축이 해결해 줄 수 있는 부분이다. 따라서 종합적인 관점에서 볼 때 조직의 위기가 발생한 경우 적절한 위기관리 커뮤니케이션 전략은 가장 핵심적인 요소라고 할 수 있다.

우리가 직면하고 있는 리스크는 인간관계의 구조적 황폐화에서 또한 기인한다. 따라서 우리에게 시급하고, 필요한 것은 총체적 위기를 극복할 수 있는 에너지, 즉 커뮤니케이션 능력을 회복하는 것이다. 모든 사람이 정보에 자유롭게 접근할 수 있고, 의사결정 과정이 민주화되어야 한다. 우선 위험의 공급자(전문가, 정부)가 변화해야 한다. 대중은 위험에 대해 비합리적이거나 잘못된 인식을 가진 것이 아니라 '다르게' 인식하고 있다. 예를 들어 동일한 사항에 대해 과학자와 일반사람은 상반된 의견을 제시한다. 여기서 무엇보다 중요한 것은 과학자들이 이 일반대중의 인식방법을 이해해야 한다는 것이다. 대중을 설득의 대상이 아니라 위험 문제를 같이 풀어나갈 파트너로 인정해야 한다. 상호 이해의 기반을 위해 과학자들과 대중이 자주 직접 만나 대화를 나눌 수 있는 기회가 마련되어야 하며, 제때에 필요한 정보내용을 공개토록 해야 한다.

05. 커뮤니케이션 전략 지침(매뉴얼)을 통해 리스크 예방하고 대응방안 마련

광우병에 걸릴 가능성은 로또에 당첨되어 돈 타러 은행에 갔다가 벼락 맞아 죽을 확률이라고 말하는 과학자가 있다. 비슷하게 핵 발전도 안전하다고들 말한다. 그러나 위험은 우리의 삶과 작업장에서 거의 무제한적으로 또한 상시적으로 나타나기 때문에 당장은 근거가 명확하지 않지만 미래의 어느 시점에서는 인체에 위해성을 줄 가능성이 상존하는 '불명확한 위험원'의 형태를 띤다. 100만 년에 한번 일어날까 말까 하다는 원자력 안전에 대한 과학자들의 주장이 있었지만, 체르노빌 원전 사고는 일어나고야 말았다. 따라서 확인 여부에 상관없이, 리스크에 대해서는 사전예방주의(precaution)가 원칙이다.

미국이나 유럽 등 모든 선진국들이 보건과 환경 관련 문제와 관련하여 중요한 국제법 및 국내법 원리로 채택하고 있는 원칙이 바로 '사전예방원칙(precautionary principle)'이다. 사전예방 원칙이란 보건, 환경, 도덕 등과 같이 국민들의 안녕에 직접적인 위험의 소지가 있는 문제들에 대한 법적 행정적 조치를 규제하는 원칙으로서, 그 골자는 '엄청난 대가를 치를 일이라면 살짝 피해가는 게 옳다(an ounce of prevention is worth a pound of cure)', '나중에 후회할 짓은 아예 시작도 말라(better safe than sorry)'라는 격언으로 요약된다. 즉 어떤 하나의 행동이 만에 하나라도 위험한 상황을 낳을 위험이 있고(불확실성, uncertainty), 되돌릴 수 없는 비가역성적인 특성을 갖는다면 공중의 안녕과 행복을 위해 미연에 막아야 하는 것이다.

최근 광우병 수입반대 사례에서처럼 소비자, 국민은 점점 더 똑똑해질 것이며, 이를 그대로 방치하면 엄청난 거부 운동으로 나아갈 소지가 다분하다. 이를 사전예방하기 위한 국가정책적 대응방안이 요구되는데, 이는 바로 위험커뮤니케이션정책으로 귀결된다.

어떤 위험의 크기를 잘 모르는, 심지어 그 위험의 크기를 결정하는 데 어떤 요인들이 작용하는지조차 잘 모르는 고도의 불확실성이 지배하는 상황에서 정책판단 및 결정은 '기술' 혹은 '과학'에만 그 근거를 기댈 수 없는 것이다. 다른 위험에 비해 미약하고 확률도 낮지 않느냐는 식의 주장들은 좁은 의미의 '과학'에 근거한 판단이 아니라, 사람에 따라 다를 수밖에 없는 '가치판단'의 결과라는 사실을 알아야 한다. 따라서 위험에 대한 판단은 이른바 전문가들과 정책결정자들의 전유물이 되어서는 안 되며, 좀 더 폭넓게 일반 시민의 참여하에 이뤄질 수 있도록 논의의 장을 개방해야 할 것이다.

개인, 기업, 국가 모두에게 리스크 관리와 이에 따르는 리스크 커뮤니케이션은 중요하다. 개인 삶의 지속 및 안락한 삶을 위해, 기업의 지속가능경영을 위해, 국가의 지속 발전을 위해 리스크 관리는 절대적으로 중요하다. 일종의 보험이다. 개인이 평안할 때 보험료는 적지 않은 부담이다. 그러나 막상 사고가 닥치면 보험은 엄청난 고마움으로 다가온다. 리스크 커뮤니케이션에 대한 준비 역시 그러하다. 당장은 쓰임새 없는 것처럼 보이나, 정작 위기가 닥치면 효력을 발휘한다. 우리의 미래를 위한 안전장치인 것이다.

이 책은 효율적인 위기대응 커뮤니케이션 체계를 구축하는 데 목표를 둔다. 기업, 정부 당국자, 언론, 학계 등 다양한 독자들이 리스크 관련 커뮤니케이션의 중요성을 이해하고 위기관리의 전반적인 현황을 이해하는 데 도움을 줄 것이며, 세부전략 및 실천매뉴얼은 잠재적 위험 혹은 실제 위기상황에서 유용한 위기관리 커뮤니케이션 대응 교범으로 활용될 것으로 기대한다.

2008. 7.
저자 일동

목 차

3부 위기관리 커뮤니케이션 전략 및 실행 / 123

1부

리스크와 위험사회

1.1. 위험사회론

1.1.1 리스크(risk) 및 위험사회에 대한 이해

■ 리스크(위험)의 개념

사전적 의미로 리스크(risk, 危險)는 '위태함, 손실·위해가 생길 우려가 있음, 안전하지 못함' 등의 의미를 가짐. 위험이라는 용어를 이해하기 위해서는 유사한 용어들을 살펴볼 필요가 있는데, 다음과 같음

- 재난; 재앙의 곤란. 뜻밖의 변고로 받는 곤란. 불행한 일. 액난(厄難). 곤액(困厄), 화사(禍事), 화해(禍害)
- 재해; 재앙으로 인해 받은 피해
- 재앙; 천변지이(天變地異)로 말미암은 불행한 사고. 구앙(咎殃), 화앙(禍殃), 앙재(殃災)
- 사건; 일거리. 뜻밖에 일어난 일. 사고. 시행(試行)의 결과 일어나는 일
- 사고; 평시에 있지 아니하는 뜻밖의 사건

☞ 위험(리스크): 아직 일어나지 않았지만 미래에는 일어날 수도 있는 사고

■ 사회적 차원에서 리스크의 조작적 정의

리스크는 예측하지 못한 상황에서 발생하는 사건이며, 잘못 대처할 경우 조직이나 산업 또는 스테이크홀더(stakeholder)에게 부정적인 영향을 미칠 수 있는 중대한 위협을 의미함

리스크는 본질적으로 기술-사회적 성격을 가지는데, 기술적 장치나 시스템의 실패만이 아니라 그런 기술의 사용을 규제하는 정치, 사회, 경제시스템의 실패로부터 발생하는 것임

위기 전 단계	관리 영역	관리 밖 영역, 위기의 결과
문제 혹은 쟁점	위기	대재앙

사회적 차원의 위험의 스펙트럼

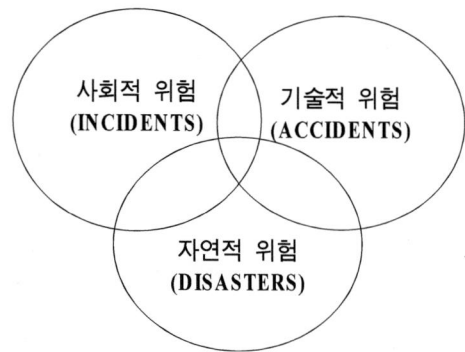

사회적 차원에서 위험은 위험을 야기하는 원인에 초점을 맞추어 자연적, 기술적, 사회적 위험의 세 가지 범주로 구분됨(Jones, 1993).
자연적 위험: 인간이나 인위적인 기술과는 무관한 자연현상의 급변, 천재지변, 혹은 신의 행위로 말미암은 재앙(disasters)
기술적 위험: 건물이나 교량의 붕괴, 공장폭발, 오염 등 인공적 산물이나 기술시스템의 문제로 인한 사고들(accidents)
사회적 위험: 사기, 절도, 방화, 폭력 등 순수하게 인간 행동만으로 인해 비롯되는 사건들(incidents)

Memo.

1.1.2 위험사회(Risk Society)의 개념

■ 울리히 벡(Ulrich Beck)의 '위험사회' 정의

▲Ulrich Beck

'위험사회(Risk Society)'는 산업사회가 가진 원리와 구조 자체가 이 세계의 파멸적인 재앙의 사회적 근원으로 변화하며, 또 이를 인식하게 되는 사회를 의미함. 뮌헨대학교 사회학과 교수이며 '위험사회' 개념을 제시한 울리히 벡은 위험사회를 기회와 위해가 동시에 존재하는 이중적이고 복합적인 사회로 규정함. 산업사회의 결과로서 인류의 종말을 초래할 만한 재앙의 위험이 발생하지만, 이 위험의 노출과 인식이 산업사회의 내재적 한계를 깨닫고 새로운 근대화의 기회로서도 작용할 수 있는 것임. 이러한 의미에서 근대성과 충돌하고 갈등이 부각되는 사회를 바로 '위험사회'라 할 수 있음

■ 울리히 벡의 관점에 따른 3단계 사회변동론

울리히 벡은 위험사회가 태동하게 된 과정을 3단계 사회변동론으로 설명하고 있음. 그에 따르면, 사회변동은 봉건사회로부터 19세기 산업사회를 통해 20세기 말에는 위험사회의 단계를 거치는 것으로 이해됨. 산업사회는 '좋은 것'을 더 많이 획득하는 것이 곧 미덕이라는 인식이 지배했음. 그러나 20세기 말에 그 개념이 형성되기 시작한 위험사회는 좋은 것뿐만 아니라 나쁜 것도 획득할 수밖에 없게 됨. 이에 따라 나쁜 것의 분배문제가 사회문제로 대두되는 것임. 여기서 나쁜 것에 해당하는 것이 바로 위험임

울리히 벡이 제시한 사회변동의 3단계 변동과정

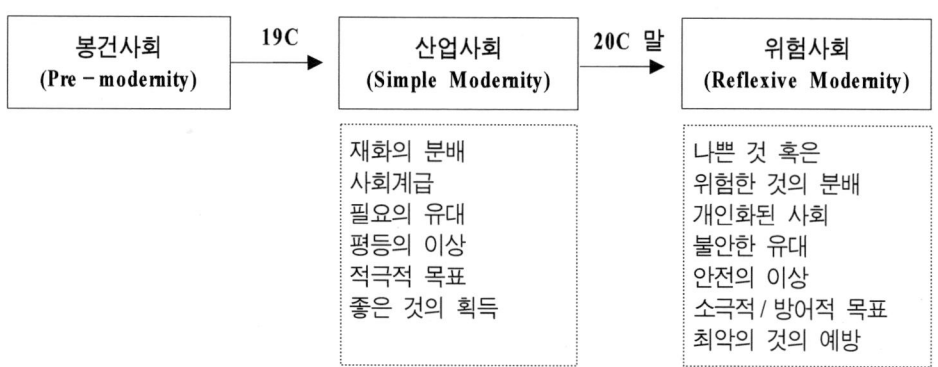

봉건사회 (Pre – modernity)	19C	산업사회 (Simple Modernity)	20C 말	위험사회 (Reflexive Modernity)
		재화의 분배 사회계급 필요의 유대 평등의 이상 적극적 목표 좋은 것의 획득		나쁜 것 혹은 위험한 것의 분배 개인화된 사회 불안한 유대 안전의 이상 소극적 / 방어적 목표 최악의 것의 예방

Memo.

1.1.3 리스크 유형 및 특성변화

■ 근대화로 인한 다양한 수준의 리스크 출현

울리히 벡은 현대사회의 위험은 과학기술의 급속한 발전에 의해 태동된 것으로 진단하면서, 보다 근본적으로 발달된 과학기술 그 자체가 아니라 과학기술의 발전을 끊임없이 위험사회로 연결시키는 의사결정 과정을 원인으로 규정하고 있음

한편, 근대화는 급속한 경제성장을 가져다 준 반면, 수많은 부작용을 초래함. 이로 인한 위험은 무작위적이거나 우발적인 것이 아니라 고도로 구조화된 것이며 근대화의 내재적 결함에 의한 것임

위험의 복합성에 따른 다양한 수준의 위험을 정리하면 다음과 같음

- 환경 및 생태계 문제; 수질오염, 공기오염, 해양오염, 특히 수돗물 오염에 관한 문제. 동시에 국토개발과 원자력 발전에 관한 위험의 문제도 폭발력을 가짐.
- 정치·경제 문제; 기업, 금융, 노동시장 등의 구조적 위험요소와 함께 대량실업으로 인한 총체적 위험에 직면. 사회도처에 만연된 부패로 인해 정치는 물론 사회 모든 부문의 부실화 촉진.
- 사회·문화 문제; 여성의 입장에서 증가하는 성폭력과 성희롱은 오래된 가부장주의 문화에 착근한 가공할 위험. 사회적 신뢰의 붕괴는 우리사회의 정신적 공황을 의미. 교육의 부실화로 인해 교육이 위험을 생산해 내는 측면도 간과할 수 없음.
- 대규모 사고 문제; 도시의 부실건축, 교통사고, 가스사고 등 빈발하는 대규모 안전사고는 위험사회의 극명한 예시. 건강과 질병, 식품오염 등에 관한 대중의 불안도 증가일로

■ '전통사회 – 산업사회 – 현대사회'로 이어지는 시대별 위험의 특성변화

위험은 실재하지만 동시에 사회문화적으로 구성됨. 위험의 실재성은 충격으로부터 오는데, 즉 계속되는 산업적·과학적 생산체제에서 촉발됨. 환경오염, 생태계파괴, 인간호르몬체계의 변동 등 과학기술 문명이 만들어 내는 위험의 종류는 무수히 많음. 그러나 동시에 위험에 대한 지식은 개별문화의 역사와 상징 그리고 사회적 지식의 그물망(grid)으로부터 나옴. 따라서 같은 위험에 대한 정치적 반응이 나라와 문화에 따라 다르며, 그 시대상황에 따라서도 상이한 모습을 지니고 있음

시대별 위험의 특성변화

구 분	위험의 특성	사회구조적 특성과의 연관성
전통사회	신분과 명예가 위험발생의 주요요인. 자기원인 귀속성이 강함. 자연재해, 전염병, 전쟁 등은 불가항력적으로 이해됨.	명예와 신분을 원인으로 하는 위험의 감수는 공동사회를 유지하는데 중요한 역할을 수행함으로서, 직업윤리의 토대를 마련하였고, 집단소속감을 발생시켜 집단의 범위를 고정.
산업사회	확률적 통계의 도움을 받아 위험 예측이 가능해짐. 위험을 통제관리의 대상으로 인식.	위험의 예측가능성은 위험관리의 학문적 접근을 가능케 하였고, 보험제도를 발생시킴. 한편, 보험제도는 위험을 사회적으로 공동분배하여 신분집단의 동질성을 해체시키고, 직업윤리의 토대를 약화시켰으며, 개인주의를 초래.
현대사회	기술공학 및 메스미디이의 발달로 인해 위험은 일상성, 타율성, 피해 산정의 불확실성 등을 지니게 됨.	환경오염 등의 새로운 위험은 위험유발자와 피해자 간의 상호 무관심과 사회적 무력감으로서의 위험불감증을 심화시키나, 집단경계를 초월한 자발적 시민연대를 생성시키기도 함.

Memo.

1.2. 지속가능발전

1.2.1 패러다임의 전환, 지속가능경영시대의 도래

■ '지속가능경영'이란?

　지속가능경영은 '지속가능한 개발'과 '기업의 사회적 책임'이 맞물려 파생된 개념이라고 할 수 있음. 일반적으로 지속가능한 개발이란 '미래세대가 그들의 필요를 충족시킬 수 있는 가능성을 손상시키지 않는 범위에서 현재 세대의 필요를 충족시키는 개발'을 의미하고, 기업의 사회적 책임이란 '기업이 사회로부터 독립적인 존재가 아니므로 기업 역시 일방적인 이윤추구행위만 해서는 안 되며 사회적 영향력을 고려한 일정한 기여를 해야 한다는 것'을 말함

　최근 기업의 사회적 책임에 대한 관심이 대두되면서 앞서 정의한 두 개념을 합하여 지속가능한 개발을 위해 사회적 책임을 다하는 기업의 모습을 기업의 생존경영전략으로 받아들인 것을 지칭하는 용어로서 지속가능경영이 제시되고 있는 상황임

■ 지속가능경영의 특징
　① 이해관계자 관계 경영(Stakeholder Approach)
　② 경영활동의 통합(Management Integration)
　③ 경제 / 환경 / 사회의 균형(Triple Bottom Line)
　④ 기업 위기관리(Risk Management)
　⑤ 기업가치경영(Value Management)

지속가능경영 시대의 도래

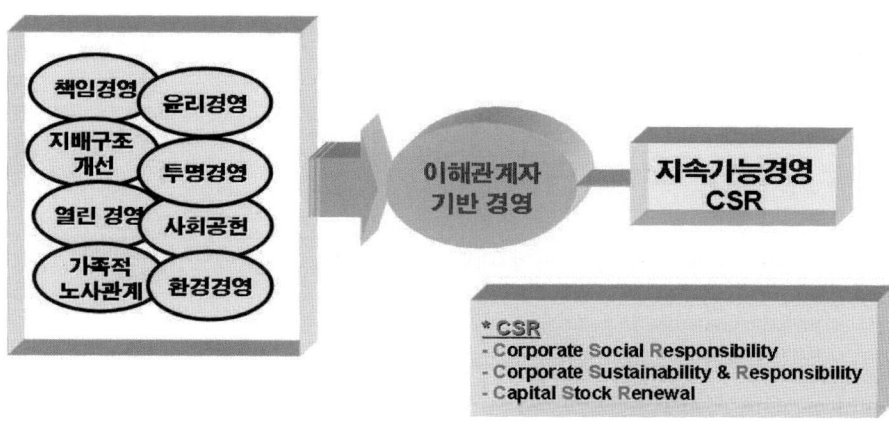

1.2.2 지속가능경영의 목적과 등장배경

■ 궁극적인 목적, '경제 - 환경 - 사회' 세 축의 효율성 조화

　지속가능경영의 목적은 세부적으로 경제성, 환경성, 사회성으로 구분할 수 있으며, 궁극적인 목적은 이 세 요소의 효율성 조화라고 할 수 있음

　　-경제성: 가치 창출, 수익의 합리적 배분
　　-환경성: 기업경영활동 전 과정의 환경 개선
　　-사회성: 인간, 사회 인프라, 발전에 대한 공헌
　　* 거시적 / 궁극적 목적: 경제적, 사회적, 환경적 효율성(Triple Bottom Line)의 조화

지속가능경영의 구성요소들과 균형

■ 왜 지속가능경영인가?

　외형 위주 성장을 추구하는 경영 패러다임이 국내외 안팎으로 변화하고 있으며, 특히 1990년대 후반 이후에는 환경 및 사회적 이슈의 대두와 함께 환경경영 및 지속가능경영으로 전환되고 있는 추세임. 또한 기업의 외부 환경을 둘러싼 이해관계자의 다양화, 글로벌 스탠더드의 형성, 환경문제의 중요성 대두, 지속가능투자의 급성장, 시민사회의 성장(NGO 활동 등), 기업경쟁 구도의 심화 등 경영환경 변화도 그 간접적인 원인임

경영패러다임의 전환, 지속가능경영의 등장

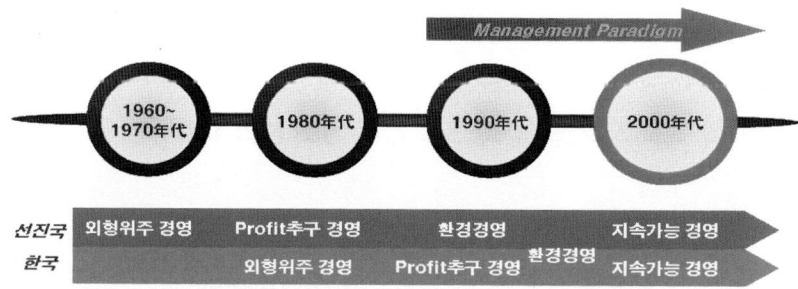

* 글로벌 기업들에 의해 제시된 지속가능경영의 여러 가지 이름들
▶ Ford; Corporate Citizenship
▶ BMW; Sustainable Value
▶ SIMENS; Corporate Social Responsibility

Memo.

1.2.3 지속가능경영과 리스크 관리

■ 경영환경 변화와 리스크 관리의 필요성 대두

기존의 유형 자산 중심의 산업사회에서 무형자산 중심의 지식정보사회로 급속히 변동함에 따라 이제 기업은 생존이라는 절대적인 가치명제의 실현을 가장 중요한 화두로 고려해야 될 상황에 놓이고 있음. 지식정보사회로의 경영환경의 변화는 실제로 좀 더 많은 정보의 공유와 이에 따른 다수의 이해관계자로부터의 투명화 요구가 뒤따르게 됨. 따라서 기업이 고려하고 관리해야 할 많은 위험요인이 발생하게 되며, 이에 대한 관리활동의 강화가 기업생존의 중점 목표가 됨. 즉 지속가능경영의 과정에서 리스크 관리의 중요성이 대두되는 것임

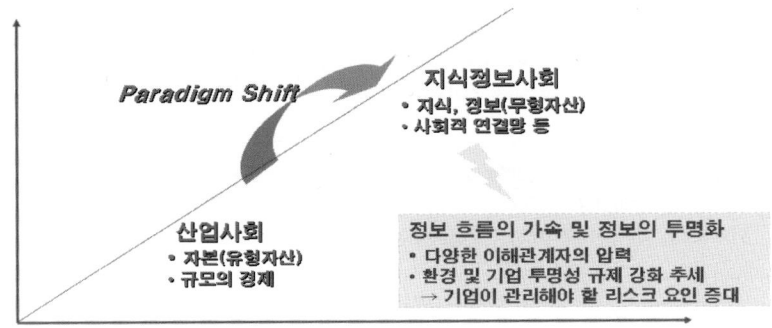

■ 기업위험관리의 세 가지 축, 경제적, 환경적, 사회적 리스크

▶ 경제적 리스크 사례: 애플의 스톡옵션 부정행위

: 애플이 1997년에서 2001년까지 4년간 임직원들에 대한 스톡옵션 관련 부정행위가 이루어졌음이 밝혀짐. 이로 인해 투자자들은 애플사를 상대로 소송을 제기했으며, 분기 실적보고서 제출시한을 지키지 않아 나스닥으로부터 규정위반 통보를 받음

▶ 환경적 리스크 사례: 인도의 콜라 산업

: 인도에서 코카콜라 공장으로 인해 물 부족 현상이 발생하고, 농약잔여물이 24배나 높게 검출되면서 생산금지 조처가 처해짐. 또한 인도 대법원은 콜라 성분을 공개 명령하여 불이행시 생산 및 판매 금지조치를 계획함

▶ 사회적 리스크 사례: 나이키의 실수와 해결노력

: 개도국 나이키 하청업체들의 열악한 근로조건과 착취에 대한 비난으로 큰 손실과 해고라는 최악의 상황을 맞았으나, 노동환경 개선 정책 및 프로그램 도입으로 2004년 11월에는 나이키 주식이 또다시 최고가를 경신함

경영패러다임의 전환, 지속가능경영의 등장

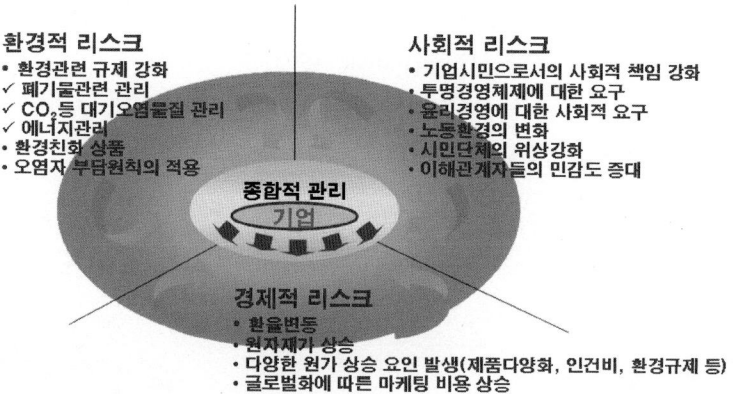

환경적 리스크
- 환경관련 규제 강화
✓ 폐기물관련 관리
✓ CO_2 등 대기오염물질 관리
✓ 에너지관리
- 환경친화 상품
- 오염자 부담원칙의 적용

사회적 리스크
- 기업시민으로서의 사회적 책임 강화
- 투명경영체제에 대한 요구
- 윤리경영에 대한 사회적 요구
- 노동환경의 변화
- 시민단체의 위상강화
- 이해관계자들의 민감도 증대

종합적 관리
기업

경제적 리스크
- 환율변동
- 원자재가 상승
- 다양한 원가 상승 요인 발생(제품다양화, 인건비, 환경규제 등)
- 글로벌화에 따른 마케팅 비용 상승

Memo.

1.3.1 리스크의 개념 및 속성

■ 조직과 기업에 있어서의 리스크
  - 조직의 미래 성장과 이익, 혹은 생존에 위협을 가할 가능성이 있는 사건(Lerbinger, 1997)
  - 조직, 회사, 산업 및 이들과 관련된 공중, 제품, 서비스 그리고 명성에 부정적 영향을 미칠 가능성이 높은 주요 사건들(Fearn-Banks, 1996)
  - 조직과 조직의 구성원, 그리고 조직의 제품, 서비스, 재정적 상태, 명성에 심각한 손실을 끼치는 예기치 못한 사건들(Barton, 1993)

예측지 못한 상황에서 조직을 위협하는 리스크

■ 리스크의 유형

① 폭발적 리스크: 공장 화재, 폭발, 비행기 추락 등 어느 날, 어느 시각에 예고 없이 갑자기 폭발적으로 발생하는 리스크상황, 2~24시간 이내에 신속한 의사결정과 조치를 요하는 위기유형

② 즉각적 리스크: 적어도 24~48시간 이내에 즉각적인 의사 결정과 조치를 요구하는 상황으로 대부분의 환경 및 안전사고, 제품결함, 원료 및 생산문제, 천재지변, 임직원 스캔들 및 사망 등으로 발생하는 위기상황

③ 만성적 리스크: 과거부터 꾸준히 문제가 되어 온 상황들로 원자력 발전소 건설문제, 폐기물 처리장 건설문제, 만성적인 정치적 특혜 시비 등

④ 잠재적 리스크: 노사분규, 악성 루머, 흑색선전, 마케팅 사고 등과 같이 위기 상황으로 발전할 소지가 충분하고 사전에 미리 감지, 예측할 수 있는 상황의 리스크

■ 리스크의 속성

- 리스크는 피할 수 없다
- 리스크는 관리할 수 있는 여지가 있다
- 리스크는 독립된 사건이 아니고 조직 시스템의 실패에 기인한다
- 리스크는 정보의 공황상태를 몰고 올 수 있다
- 리스크는 예측할 수는 없지만, 예상은 가능하다(not predict, but expect)
  ☞ 사전 조짐이나 징후가 있다(경고신호)
- 리스크는 갑자기, 불확실한 형태로, 엄청난 시간적 압박 속에서 온다
- 리스크는 불안정하고, 스트레스를 주며, 공중과의 관계를 악화시킨다
- 리스크상황의 확대는 공중과의 관계유지 실패에 기인한다
- 리스크 이후 후속위기상황이 전개될 가능성이 높다

Memo.

1.3.2 리스크의 발생과 전개특성

■ 리스크 발생의 다양성 & 증폭원인이 되는 커뮤니케이션의 문제점
 - 리스크 상황은 실제로 다양한 형태로 발생하며, 기업내부뿐만 아니라 전쟁이나 테러, 자연재해 등 예측할 수 없는 다양한 외부요인이 기업경영에 치유하기 힘든 상처를 입히는 경우가 비일비재하게 발생
 - 그러나, 무엇보다 리스크가 발생하게 되는 궁극적인 원인은 바로 커뮤니케이션의 문제 때문임
 - 최근 많은 기업에 닥친 리스크상황은 리스크 자체가 주는 위협도 문제점이지만 불필요한 오해와 루머, 그리고 왜곡된 정보 전달 등 커뮤니케이션적인 문제가 더 큰 리스크의 증폭 요인으로 작동하고 있는 추세임
 - 그럼에도 불구하고 현재 우리 기업의 리스크(위기)관리 커뮤니케이션 능력은 매우 미약한 수준임. 실제로 리스크(위기)관리 커뮤니케이션 대응을 언론에 대한 대응 정도로만 인식하는 기업이 대다수인 상황임
 - 다양한 이해관계자들에게 적용할 수 있는 커뮤니케이션 대응 방안이 시급히 마련되어야 하는 상황이며, 이를 경영전략 차원에서 통합해야 시너지 효과가 극대화됨

기업의 차별화된 경쟁전략으로서 리스크 관리의 중요성 대두

고객의 신뢰 → 윤리적 차원 → 기업의 중요한 차별화된 경쟁전략

■ 기업이 리스크에 효과적으로 대처하기 위한 방안

① 최고경영층에 의한 즉각적인 대응
－미국의 인투잇(Intuit)사 사례

: 재무 관련 프로그램을 판매하는 인투잇(Intuit)사의 스코트쿡 회
장은 공항으로 가던 중 최근 출시된 자사 프로그램에 오류가
있음을 보고 받고 그 자리에서 영수증 확인 없는 전량 교환이
라는 즉각적인 결정을 내림
⇒ 미래의 고객 신뢰로 이루어졌으며, 80%라는 압도적 시장점
유율 확보와 MS사의 시장 진입을 막아내는 성과로 이어짐

▲ Scott Cook

② 기업의 적극적인 대응과 장기적인 관점에서의 책임감
－미국의 존슨앤드존슨(Johnson & Johnson)사 사례
: 존슨앤드존슨은 자사의 제품인 타이레놀이 독극물 사건에 연루되었을 때, 자사의
잘못이 없음에도 불구하고 1,300억 원이라는 거금을 들여 출하된 제품을 전량 회수
⇒ 책임 있는 대책과 상황에 대한 지속적인 대고객 커뮤니케이션에 힘입어 고객의
신뢰를 완전히 회복했고, 오늘날 1조 5,000억 원 이상의 수익을 내고 있음

Memo.

1.3.3 리스크의 심각성과 대처방안(관련 사례들)

■ 해외의 성공적인 리스크 관리 사례(1): 미국 존슨앤존슨(Johnson & Johnson)의 타이레놀 독극물(청산가리) 투입사건
　－1982년, 8명 사망(소매상 유통과정에서 익명 투입)
　－위기관리위원회 소집, 대변인 지정
　－외부조사에 적극 협조(제조과정 공개)
　－2억 4천만 달러 들여 3,100만 병 모두 수거
　－보도 편의 제공, 기자회견 실시(창구 일원화), 핫라인 개설, 편지답장, TV대담프로 출연 / 경제잡지 인터뷰 적극 활용
　－CEO의 발 빠른 언론 대처와 기업 차원의 노력으로 회생

발 빠른 대응으로 위기상황을 빠르게 모면한 Johnson & Johnson

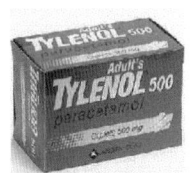

■ 해외의 성공적인 리스크 관리 사례(2): 9·11 사태에 슬기롭게 대처한 메릴린치 (Me Irill Lynch) 사례

- 9·11 사태로 인해 근처 건물에 입주한 메릴린치는 일단 임직원을 대피시켰지만 정확한 피해 상황은 제대로 파악되지 못한 상황이었음
- 하지만 이미 Y2K에 대비해 수립되었던 위기대응 체재를 기반으로 하여 기본적인 시스템(중앙지휘본부, 회사이전을 위한 장소선택, 컨퍼런스 룸 제공 및 사전에 준비된 메시지 등)이 구축되어 있었고 이를 지속적으로 업데이트하면서 위기를 대응
- 또한 고객 및 긴급 대피한 9,000명의 메릴린치 임직원 그리고 뉴욕시 인근지역에서 근무하는 3,000명의 추가 인력들에게 최신 뉴스를 신속하게 제공하였음
- 직원들을 위한 정보는 무료전화 1.800.MER.HELP를 통해 매일 업데이트되었음
- 위기대응팀은 메릴린치 핵심 경영진으로 하여금 주요 언론사 및 TV 뉴스 프로그램에 대응토록 했고, 고개들의 계좌가 안전하며 언제든지 문의에 응할 수 있다는 사실을 확신시키기 위해 속보를 발행함
- 발 빠른 대처로 인해 9월 16일에 이르러 긴급 대피했던 대부분의 직원들이 재배치되었고, 9월 11일 이후 2주 내에 미국 주식시장 및 ADR 트레이딩 시장에서 시장점유율을 다시 회복, 나스닥 시장에서 2위 자리를 되찾는 등 테러 이전 상황으로 되돌아갈 수 있었음

Memo.

- 해외의 실패한 리스크 관리 사례(1): 미국 엑슨(Exxon)사의 엑슨 발데즈(Exxon Valdez) 호의 원유유출 사고
  - 1989년, 알래스카 암초 사고로 24만 배럴이 유출되면서 환경 대재앙이 발생
  - 경영진은 사태의 심각성을 인지하지 못하고 일주일 후 사건 언급하며 변명으로 일 관(자사 입장 광고)
  - 현장방문도 하지 않음
  - TV인터뷰 거절
  - 위기관리PR이라고 할 행동이 전혀 행해지지 않았고 사고를 숨기고 언론을 무시하는 행동을 보임
  - 현지 프레스센터를 통신시설이 열악한 곳에 설치하고 직급이 낮은 임원만 파견해 사실을 은폐한다는 비난을 받으면서 브랜드 이미지에 큰 손상을 입음
  - 환경관련 문제가 언론의 표적이 될 수 있음을 간과, 전형적인 위기관리 실패기업의 행동을 그대로 답습(50억 벌금)

전형적인 위기관리 실패의 프로세스를 답습한 엑슨(Exxon)사

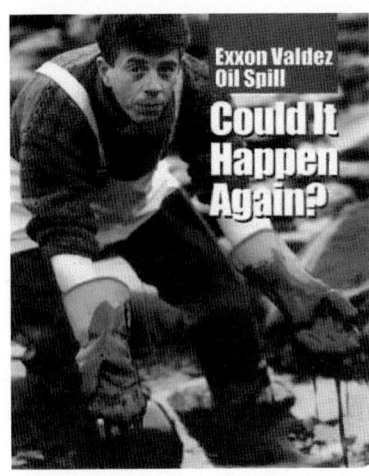

■ 해외의 실패한 리스크 관리 사례(2): 일본 유키지루시(雪印乳業)유업의 집단 식중독 사건

- 2000년 6월, 우유 원인 1만 5천 명 식중독 발생(사상 최대). '유키지루시 저지방우유'를 먹은 오사카지역의 145명이 설사와 구토를 하는 사건이 발생
- 그러나 사건이 발생했을 당시, 회사 간부들은 사태를 방관하며 책임을 회피하기에 급급함
- 정전, 오염원인 등에 의한 원인에 대한 '모르쇠' 일관
- 간부회의에 참석한 소비자상담실장은 '원인도 분명치 않은 상태에서 과실을 인정할 필요가 없다'고 주장했고, 다음날 회사는 '저지방우유 외의 다른 제품은 이상이 없다'고 발표함
- 일본 정부는 공장 폐쇄를 명령하는 한편, 유통 중인 유키지루시 유업 전 제품에 대한 판매 중지 및 회수를 단행함
- 사건 발생 직후 주가는 21%나 폭락하였고 사태에 책임을 지고 사장이 사임함
- 사실은폐에 대한 지탄과 언론대응 전략의 실패
- 사고 원인 규명이나 피해자에 대한 사과보다는 자사 입장 방어에 급급한 결과임

Memo.

■ 한국의 최신 리스크 관리 사례(1): 쓰레기 만두소 사건(2004)
  - 단무지 공장에서 버려진 찌꺼기 단무지를 만두소의 재료로 사용한 제조업체 적발
  - 도투락, 샤니, 삼립, 고향 냉동식품 등의 유명업체를 포함하여 총 25개 사에서 불량 무말랭이를 만두소로 사용함
  - 초기부터 경찰과 식의약청의 유기적인 협조가 제대로 이루어지지 않아 사건의 파장이 더욱 커짐
  - 기업들도 모르쇠로 일관하거나, 적극적인 해명 기회를 놓침
  - 먹을거리 위생 수준에 관한 한 한국이 후진국임을 극명하게 보여주는 부끄러운 사례로 기록됨

먹을거리에 대한 후진국적 인식을 전환하는 기폭제가 된 쓰레기 만두소 사건

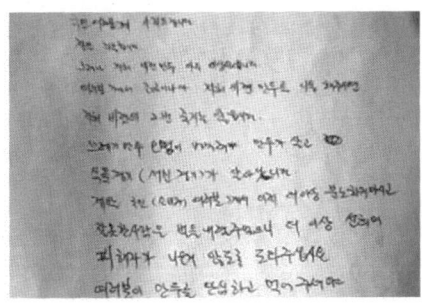

■ 한국의 최신 리스크 관리 사례(2): 남양유업의 사카자키균 검출 사례(2006)
  - 남양유업 등 유명 분유업체의 유아식 등에서 사카자키균이 검출되었다는 식약청의
    발표 이후 소비자의 불안감 등으로 분유시장이 크게 위축됨
  - 사카자키균은 6개월 미만 영유아에게 패혈증과 뇌수막염을 일으킬 수 있는 대장균
    의 일종으로 매우 위험한 균으로 알려져 있음
  - 남양유업은 비교적 빠르게 위기대응을 위해 움직임
  - 조선, 동아, 한겨레 등 주요 일간지에 일제히 사과광고를 게재하고 '큰 책임을 통감
    하고 있다. 1단계는 전량 회수 처리했으며 더 철저한 품질관리를 통해 다시 발생되
    지 않도록 품질 관리에 매진할 것을 약속한다'고 밝힘
  - 이후에 2007년에는 공장 리뉴얼을 통해 조제분유 무균화 생산시스템을 갖춤으로써
    지속되었던 의혹과 문제점을 해결함

무균화시설로 사카자키균 0%이 가능해졌음을 알리는 남양유업의 광고

Memo.

■ 한국의 최신 리스크 관리 사례(3):
노로바이러스 검출로 인한 CJ 급식대란 사태(2006)
- 2006년 CJ푸드시스템의 급식을 먹은 서울·인천·경기 지역 중고교 22개교 학생들이 집단 식중독 증세를 보임
- 그러나 회사는 이와 같은 사태를 은폐하고 피해가 발생한 학교에 급식을 유지해와 비난이 쏟아짐
- 특히 1차적인 문제점을 드러났을 때 문제를 공개하고 급식을 중단하지 않고 자체적으로 사고를 수습하려다 일을 더 키운 셈이 됨
- 최악의 식중독 사고를 일으킨 CJ푸드시스템은 그동안 학교 급식업체 가운데 식중독 사고가 가장 많았던 것으로 드러났으며, 결국 급식대란의 책임을 지고 학교 급식사업에서 철수함

비도덕적인 기업경영을 통해 퇴출이라는 결과를 초래한 CJ의 급식대란 사고

■ 한국의 최신 리스크 관리 사례(4): 서해안(태안) 기름 유출 사고(2007)
- 인천대교 공사에 투입됐던 해상 크레인을 2척의 바지선으로 경남 거제로 예인하던 중 한 척의 바지선 와이어가 끊어지면서 해상 크레인이 유조선과 충돌하면서 발생한 최악의 기름유출 사건
- 사고 주체인 삼성중공업도 계속되는 침묵으로 화를 키웠음. 사고 원인을 정확히 따져본 뒤 방침을 정하겠다며 무려 47일간 구체적인 의사를 밝히지 않아 여론의 질타를 받음. 이로 인해 삼성중공업은 각종 음모설에 시달려야 했음
- 특히 당시 해양수산부의 빗나간 예측과 방제 전문성 부족, 그리고 지휘체제의 혼선 등이 더욱 피해를 확산시켰다는 지적이 높음

엑슨발데즈의 참사를 고스란히 재현한 서해안 기름 유출 사고

Memo.

- **한국의 최신 리스크 관리 사례(5): 숭례문 화재 사고(2008)**
  - 2008년 2월 10일 70대 노인의 방화로 인해 숭례문 일부가 불에 타 훼손되는 사건 이 발생함
  - 국보 1호가 상징하는 역사적 가치는 엄청나지만, 신축건물에도 있는 화재 감지기나 스프링클러 한 대가 없었다는 것이 밝혀져 충격을 주었음
  - 사전 화재 대비뿐만 아니라 화재 진압 과정에서도 정부 부처 간의 불협화음으로 초기 대응에 실패했다는 지적을 받음. 이후 소방방재청과 문화재청 간의 책임소재 공방도 벌어짐
  - 또한 70대 노인이 쉽게 숭례문에 침입해 방화를 할 정도로 보안 관리를 맡았던 무 인 경비업체인 KT텔레캅의 경비시스템에도 허점이 있는 것으로 밝혀짐
  - 총체적 관리부실과 문화재 관리에 대한 위기시스템의 부재, 사후약방문 식의 사건 처리 등 예견되었던 인재라는 평을 받음

낙산사 사고 이후 문화재 관리에 허점이 많음을 보여준 숭례문 화재사고

- **한국의 최신 리스크 관리 사례(6): 농심의 '생쥐머리 새우깡' 사고(2008)**
  - 2008년 2월 18일 충북 청원군의 한 소비자가 노래방 새우깡에서 16mm 크기에 털 이 붙은 이물질(생쥐머리로 추정)이 발견되었다고 신고함
  - 한 달 동안 자체 조사를 한다는 명목으로 농심에서는 이를 외부에 공개하지 않음
  - 농심의 경우에는 또한 사태의 책임을 중국 현지 공장 탓으로 돌렸으며(책임 회피), 쥐

머리로 추정된 이물질을 없애는(은폐) 등 전형적인 모르쇠 전략으로 일관함
- 또한 사과문에서 문제가 된 '노래방 새우깡' 전량을 폐기하겠다고 했지만 실제로 일부만 수거하면서 축소 의혹을 받았으며, 이로 인해 오히려 사과의 효과는 반감됨
- 분노한 대중과 소통하고 그들의 분노를 누그러뜨릴 수 있는 커뮤니케이션 전략이 요구되었으나, 이러한 조처를 취하지 않아 사건의 확장을 초래한 것임

책임회피, 은폐 등으로 인해 대중의 질타를 받은 '생쥐머리 새우깡' 사례

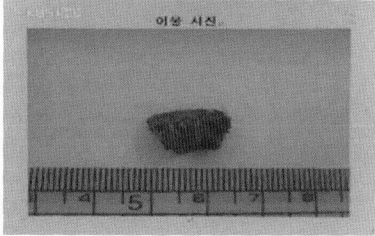

A10   2008년 3월 19일 수요일 리니

'쥐머리 새우깡' 생산 중단

농심, 이물질 없애버려 사건 본폐 의혹

'새우깡' 제조사인 농심은 18일 대형포장(400g) 제품인 '노래방 새우깡'에서 쥐 머리로 보이는 이(異)물질이 발견된 것에 대해 사과문을 내고 해당 제품 생산을 전면 중단하는 한편, 시중에 유통 중인 제품도 수거해 폐기하겠다고 밝혔다.
  그러나 농심이 지난달 초 이 사실을 알고도 아무런 조치를 취하지 않은 것으로 드러나 비판이 제기되고 있다. 농심은 17일 오후 식품의약품안전청이 사건 내용을 밝힌 이후에야 대학 마련에 나섰고, 자체 조사과정에서 이물질을 없애버리기가 해축소·은폐에만 급급했다는 지적이다.
  식약청에 따르면, 충북 청원에 사는 A여·24씨는 지난달 초 수퍼마켓에서 구입한 '노래방 새우깡'에서 1~1.5cm 길이의 쥐 머리 모양 이물질이 들게 그려져 있는 것을 발견했다. A씨는 농심측에 항의하면서 보상을 요구했지만 받아들여지지 않았다.
을 공개했다. 그러나 조사 당시 농심측이 성분을 분석한다는 명분으로 이미 이물질을 분해해 없애버린 뒤였다. 식약청은 이물질의 실물조차 보지 못하고, 농심이 제공한 성분조사 결과와 사진만 확인한 것으로 알려졌다.
  농심 관계자는 "성분분석을 위해서는 분해가 불가피했고 특이사항을 확인할 수 없었다"며, "소비자도 우리 설명을 이해해 한때 종결됐다고 생각해 폐기했던 것이지 일부러 증거를 없앤 건 아니다"고 해명했다.
  강봉희 식약청 식품관리과장은 "부산공장의 위생상태에는 문제점이 없어 반(半)제품을 만드는 중국 칭다오(靑島) 공장에서 이물질이 섞였을 가능성이 높은 것으로 보고 있다"고 말했다.
  1971년 출시된 새우깡은 지금까지 약 57억 봉지가 팔려나간 '국민 스낵'으로 농심 과자류 매출의 25%

Memo.

1.4. 사이버 리스크

1.4.1 사이버 리스크(Cyber-risk)의 개념

■ **정보사회의 확장된 위험, 사이버 리스크**
 - 일반적으로 인터넷과 관련된 사이버리스크는 여섯 가지 유형
 ① 해킹 또는 크래킹(cracking) 등으로 인한 전자적인 위험
 ② 바이러스나 자바, ActiveX 등과 같은 기술의 오용 등으로 인한 악의적 코드 (malicious code)로 인한 위험
 ③ 노트북 또는 자료의 도난 등과 같은 물리적인 위험
 ④ 내부자의 오남용이나 잘못된 습관, 부주의환 정보관리 등과 같은 인적인 위험
 ⑤ 직원, 고객, 또는 기업의 정보가 유출되는 프라이버시의 보호와 관련된 위험
 ⑥ 의도치 않은 인터넷 서비스의 중단, 갑작스러운 전력공급의 중단, 자연재해 등 시스템 멈춤 등으로 인해 발생하는 위험 등
 - 기업이나 정보공급과 관련된 리스크의 개념 외에도 사회적인 영향력을 감안하면, 가상공간(cyber space)에서 유행병처럼 창궐해 나가는 각종 음란 및 퇴폐 정보의 범람과 함께 '게임중독', '사이버 성폭력의 문제', 연예인 등을 노린 '사이버 테러' 등도 사이버리스크의 중요한 사례임

■ **정보의 취급과 관련된 사이버 리스크의 유형 구분**
 - 정보전달의 위험: 정보를 전달하는 과정, 네트워크 등의 정보 전달 인프라 위험
 - 정보내용의 문제: 스팸, 음란물 등의 원치 않는 정보수용의 위험과 개인정보 노출 등 원치 않는 정보노출의 위험

다양한 유형의 사이버 리스크

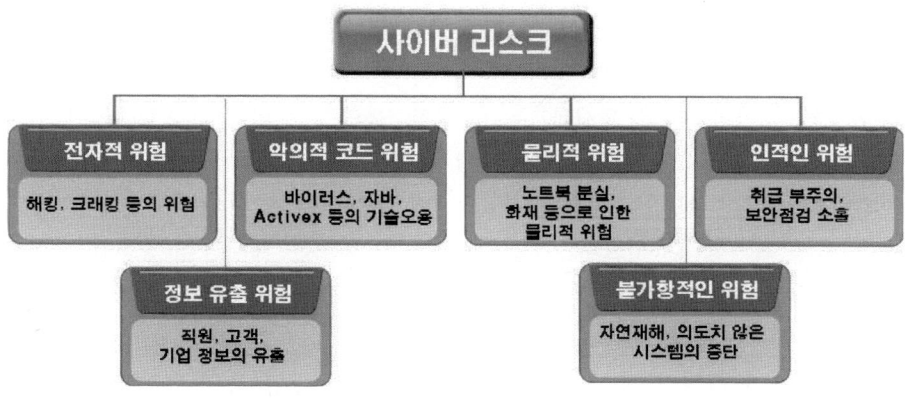

Memo.

1.4.2 리스크 증폭의 촉매제 역할을 하는 인터넷

■ **사이버 리스크 증폭의 중요 원인은 한국 사회의 '펌 문화'**

- 한국인터넷진흥원의 '2006년 인터넷 이슈 심층 조사 보고서'에 따르면 조사 대상자의 62.0%는 인터넷상의 게시글, 뉴스, 사진, 동영상 등의 콘텐츠를 복사하여 다른 곳으로 옮긴 경험이 있는 것으로 나타났음
- 인터넷 사용자는 인터넷 매체를 통해 이미 만들어져 있는 콘텐츠를 별다른 노력 없이 쉽게 복제할 수 있으며, 그렇게 '펌'한 콘텐츠는 게시판을 방문한 다른 방문자에 의해 복제되고 그것을 '펌'한 방문자의 콘텐츠도 같은 방식으로 복제되는 과정이 반복됨으로써 빠른 속도로 확산됨
- 이렇게 인터넷 매체의 정보 확산은 시간적, 공간적 제약 없이 무한대로 확산될 수 있기 때문에 조직에 좋지 않은 정보가 악의적으로 확산될 경우 이를 차단하는 것은 쉽지 않음

매체에 따른 소문의 확산율(인터넷과 대중매체의 비교)

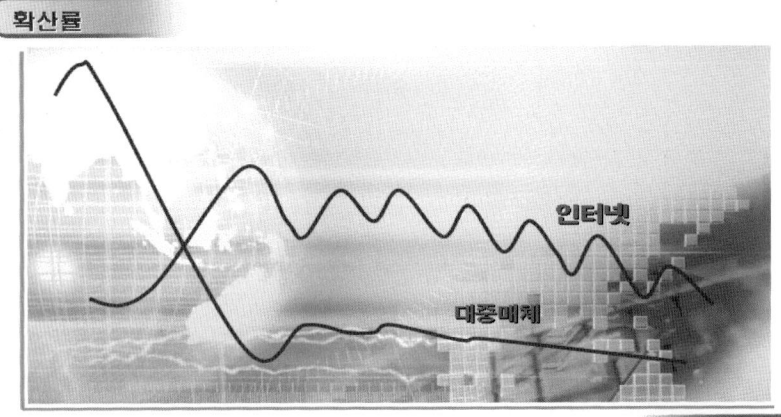

■ 사이버 리스크 사례들

▸ '1.25 인터넷 대란'(2003. 1. 25.)

: MS社의 SQL 서버의 취약점을 이용한 '슬래머 웜바이러스'로 국내의 8,800여 대의 서버가 감염되어 수많은 전산시스템이 일제히 마비된 사태. 주말에 발생하여 큰 피해는 없었지만, 평일에 발생했다면 금융대란을 비롯해 국가 혼란 상태를 초래할 수도 있었을 것임

▸ 한국 인터넷 역사 사상최대의 개인정보 유출 파문을 일으킨 옥션사태(2008. 4.)

: 1,081만 명의 개인정보와 100만여 건의 계좌정보가 함께 유출됨. 이번 사태로 개인정보가 유출된 피해자 2,000명이 옥션을 상대로 집단소송을 제기 중이며, 해킹 사실을 자발적으로 공지, 고객의 피해를 사전에 최소화하려고 했다는 옥션과 마찰 발생

창사 이래 최악의 정보유출로 위기에 봉착한 옥션

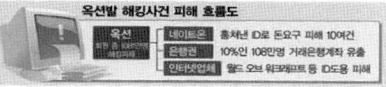

Memo.

1.4.3 온라인(인터넷)을 통한 위기상황의 유형

- **유형 (1) 인터넷을 통한 루머**
  - 많은 기업(조직)에게 인터넷을 통해 나타나는 루머가 문제가 되는 것은 루머가 네티즌으로부터 사실인 것으로 여겨지면 다양한 매체를 통해 파급될 수 있기 때문임
  - 인터넷 공간을 넘어 주류 언론이 관심을 갖게 되면 기업과 조직에게 신뢰성의 위기가 닥치게 됨
  - 적대적 M&A, 부도, 제품 하자 등의 루머 등이 대표적

- **유형 (2) 사이버비방(Cybersmear)**
  - 일반적으로 기업정책 및 제품에 불만을 가진 직원이나 소비자 그리고 투자자들이 기업 내부의 비밀을 폭로하거나 기업의 운영방식에 대한 문제를 제거하기 위해 인터넷을 통해 관련 기업을 비난하는 경우임
  - 블로그, 채팅 룸, 인터넷 게시판 등을 통해 기하급수적으로 확산될 가능성 높음

- **유형 (3) 공격사이트(Anti site)**
  - 목적은 개인의 혐오를 기초로 하여 기업이나 관련 브랜드에 소비자들이 등을 돌리도록 하는 것임
  - 많은 공격(안티)사이트들은 사이트를 만든 사람과 공격의 목표가 된 기업 사이에 기존의 관계자 나빠지는 결과가 발생함

- **유형 (4) 온라인 시위(Online strike)**
  - 특정 사이트 게시판에서 이루어지는 경우가 많음
  - 특정한 시간, 특정한 장소의 게시판에 몰려가 자신들의 주장을 담은 머리말과 함께 의견을 올리는 행위가 일반적이고, 오프라인 행동으로 이어지기도 함(집회나 시위 등)

다양한 형태의 온라인 위기유형들

2006/12/15
BadVista.org: FSF launches campaign against
Vista
by John Sullivan — posted at 2006-12-15 15:51 최종 수정일 2006-12-15 15:51
Boston, MA—December 15, 2006—The Free Software Foundation (FSF) today launc

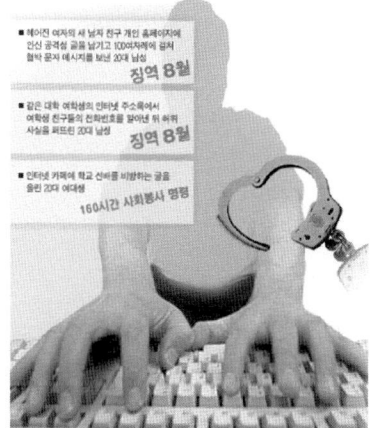

Memo.

2부

리스크 커뮤니케이션과 위기관리

2.1. 리스크 커뮤니케이션

2.1.1 커뮤니케이션의 개념

■ **인류와 커뮤니케이션**
- "태초에 Communication이 있었으니……"
  : 인류진화는 커뮤니케이션의 결과
- 집단생활, 도구이용 등의 행위는 커뮤니케이션을 전제로 함

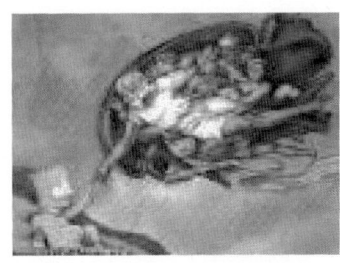 

■ **Communication의 어원 및 개념**
- '공통', '공유'의 뜻인 라틴어 Communis에서 유래
- 하나 또는 하나 이상의 유기체가 다른 유기체와 지식, 정보, 의견, 신념, 감정 등을 공유 또는 공통화하는 행동을 의미함
- 인간의 가장 기본적인 활동으로서 상징을 통해 정보나 의견을 주고받는 행위. 여기서 상징이란 언어적 요소뿐 아니라 몸짓과 표정과 같은 비언어적 요소까지 포함하는데, 이렇듯 상징을 이용할 수 있는 능력을 갖춘 인간은 커뮤니케이션을 통해 의미를 공유하고 공동체 의식을 갖게 되는 것임
- 기호와 메시지를 통한 사회적 상호작용
- 인간이 공동의 상징체계를 통해서 서로 정보를 주고받는 사회문화적 행위
  * 인간의 모든 노동과정은 커뮤니케이션 과정(F. Engels)

■ 왜 커뮤니케이션인가?

- 기업(조직)활동을 영위해 나가는 데 있어서 커뮤니케이션은 핵심적인 요소로 부상하고 있음. 바다에 비유하면 인사, 기술 개발 등 현 기업 활동이 아닌 수면 아래의 다양한 활동(기업캠페인 및 광고, 고객과의 의사소통 등)은 커뮤니케이션에 기반을 두는 것임

기업 활동과 커뮤니케이션의 중요성

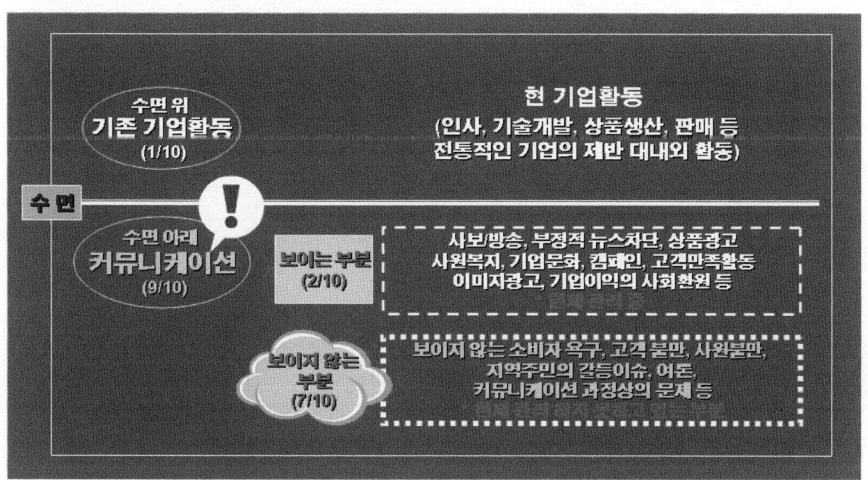

Memo.

2.1.2 위기관리 커뮤니케이션의 개념 및 중요성

■ 위기관리 커뮤니케이션?
  - 기업에 사건(event)이 발생했을 경우, 기업과 관련된 다양한 이해관계자(정부, 고객, 지역주민, 시민단체, 언론 등)와의 커뮤니케이션 과정을 관리하여 사건이 위기로 발전하는 것을 막고 조직의 명성을 방어하기 위한 전략적 커뮤니케이션 과정을 의미함

■ 위기관리가 필요한 공적인 장(場)에서 공중이 제기하는 리스크 이슈(예시)
  - 쓰레기 소각장에서 플라스틱의 소각은 위험한 것인가?
  - 유전공학으로 변형시킨 식료품은 소비자에게 나쁜 영향을 주는가?
  - 땅속에 버린 오래된 쓰레기에는 어떤 문제가 있는가?
  - 고주파 송전선에서 방출되는 전자파는 건강에 매우 위협적인가?
  - 화학공장이나 시설물 근처에 산다는 것은 위험한 일인가?
  - 식료품에 들어 있는 다이옥신은 어떠한 작용을 하는가?

■ 위기관리 커뮤니케이션의 필요성
  - 위기관리 과정에서 위기를 예방하고, 위기의 파급으로 인한 피해를 조기에 차단하는 데 있어 커뮤니케이션의 역할이 매우 중요해지고 있음
    * 최근 많은 기업에 닥친 위기상황은 위기 자체가 주는 위협보다는 불필요한 오해와 루머 그리고 왜곡된 정보 전달 등 커뮤니케이션 문제가 더 큰 위기의 증폭 요인으로 작동하고 있음

■ 현재 우리의 위기관리 커뮤니케이션 능력과 수준은 미흡
  - 현재 우리 기업의 위기관리 커뮤니케이션 능력은 미약한 수준임. 또한 위기관리 커뮤니케이션 대응을 언론대응 정도로만 인식하는 기업이 대다수임. 따라서 다양한 이해관계자들에게 적용할 수 있는 위기관리 커뮤니케이션 대응 방안이 시급히 마련되어야 하는 상황임

기업 활동에 있어서 리스크 커뮤니케이션의 필요성

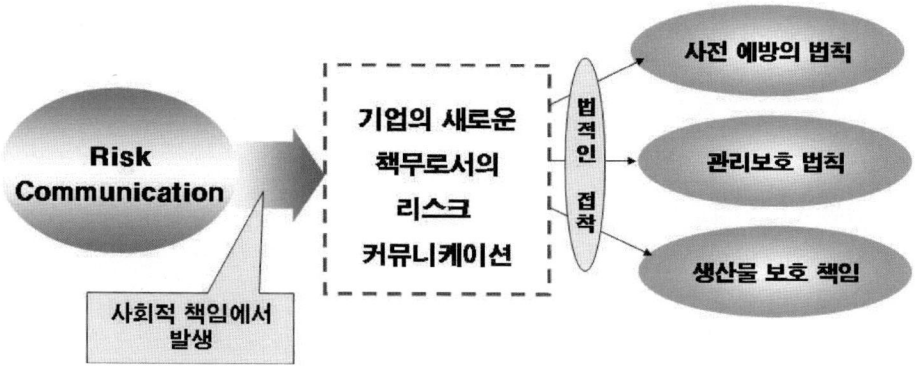

Memo.

2.1.3 리스크에 대한 관점 갈등, 전문가 Vs. 일반인

2.1.3.1 전문가의 리스크에 대한 관점

■ **전문가가 평가하는 리스크**
 - 전문가는 흔히 위험을 잠재적인 위협의 표시로 간주함. 전문가는 일반적으로 다음 과 같은 4가지 질문에 대한 답변을 함으로써 위험에 대한 평가를 내림
 ① 위험이 있으며, 그 원인은 어디에 있는지를 가정할 수 있는가?
 ② 어떠한 용량이나 이것의 배합이 사람과 환경에 피해를 줄 수 있는가?
 ③ 누가 어떠한 용량을 최저기준이나 적정기준으로 결정했는가?
 ④ 위험은 얼마나 현저히 나타나는가?

■ **전문가의 위험 관점(유해물질 노출 사례의 경우)**
 - 전문가에게 우선 중요한 것은 어떻게 위험을 평가하는가에 있음
 - 전문가는 유해물질 노출 사례의 경우 그 피해가 있다면 증거를 과학적으로 끌어내 는 것에 집중함
 - 위험원인에 대한 추측을 경계하고 계량적인 수치를 제시하는 것을 중요하게 여김

 ■ **전문가의 위험관점과 평가(유해물질 노출 사례)**
 - 유해물질 노출에 따른 위험, 일반적인 위험, 발병에 미치는 위험의 3가지 분류를 통해 위험을 판단함

전문가의 위험에 대한 관점: 유해물질 노출 사례의 경우

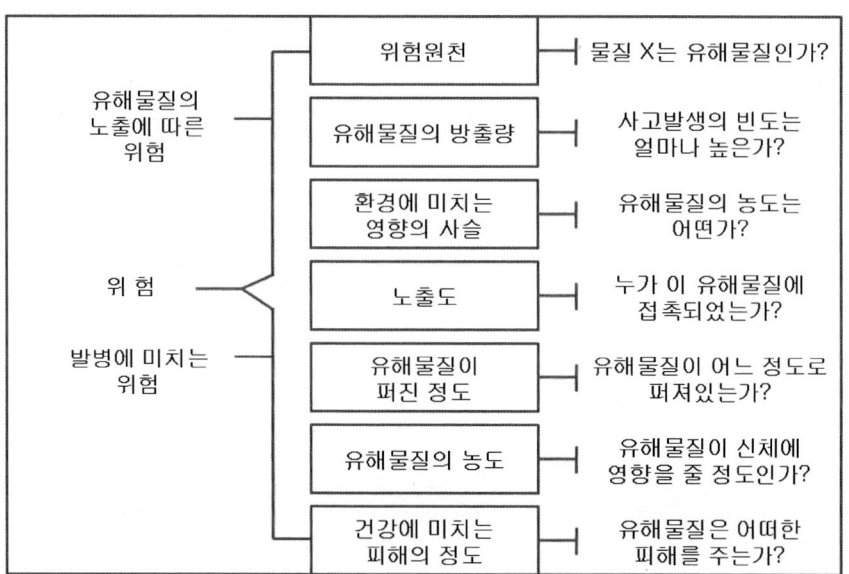

Memo.

2.1.3.2 일반인의 리스크에 대한 관점

■ 일반인의 리스크에 대한 접근방식
  - 주로 예상 가능한 결과에 대해 질문을 함
  - 사회적인 의미가 있는 상호관계의 관점에서 위험을 인지
  - 위험문제를 일상적인 세상의 관점에서 삶 속으로 끌어들임
  - 미디어가 표현하는 방식에 따라 위험에 대한 인식이 크게 좌우됨
  - 자연과학적인 관점을 별로 중요하게 생각하지 않음
  - 위험평가에 대한 프로세스가 선형적인 형태로 나타남

대중의 위험수용에 영향을 미치는 요인들

Factor	Conditions Associated with *Increased* Public Concern	Conditions Associated with *Decreased* Public Concern
Disastrous potential	Deaths and injuries at the same time in the same place	Random deaths and injuries
Familiarity	Unfamiliar	Familiar
Understanding	Mechanisms or process not understood	Mechanisms or process understood
Controllability (own)	Uncontrollable	Controllable
Exposure willingness	Involuntary	Voluntary
Effects on children	Children specifically at risk	Children not specifically at risk
Effects timing	Delayed effects	Immediate effects
Future generation effects	Risk to future generations	No risk to future generations
Victim identification	Identifiable victims	Statistical victims
Dread	Effects dreaded	Effects not dreaded
Trust in institutions	Lack of trust in responsible institutions	Trust in responsible institutions
Media attention	Much media attention	Little media attention
Accident history	Major or minor accidents	No major or minor accidents
Equity	Uneven spread of risks and benefits	Even spread of risk and benefits
Benefits	Unclear benefits	Clear benefits
Reversibility	Effects irreversible	Effects reversible
Origin	Caused by human actions or failures	Caused by acts of nature of God

■ 일반인의 리스크 관점을 구성하는 요인

① "얼마나 빨리 무엇이 발생하는가?"
   - 예상 가능한 피해라는 사건의 발생 논리 강조(공장이나 운송과정을 ······한다면 ······꼭 발생할 것이다)
   - 통계적인 수치가 발생의 논리로 해석됨
   - 신뢰성, 주의의무, 책임의식, 사람의 실수가 중요한 요인이 됨

② "누가 알아, 혹시 아닐지 모른다"
   - 기존의 위험에 대한 의심이 핵심이 될 정확한 증거는 없고, 단지 추정되는 의심만이 있을 뿐임("oo가 병을 유발하는 것은 아닌가?")
   - 석면의 경우처럼 추후에 증명될 수 있음

③ "우리는 모두 희생자다"
   - 환경에 위해물질이 있고, 피해가 발생하는 것이 단지 시간문제일 뿐이라는 인식

④ "위험을 발생시킨 원인을 찾아내야 한다"
   - 이러한 위험 행위를 발생한 행위자에게는 무책임함, 후안무치함, 무식함 같은 도덕적인 비난이 따름

⑤ "위험은 우리에게 발생하고 말 것이다"
   - 사건 발생에 대한 상호관계가 제시되면 재난은 피할 수 없는 것으로 여겨지게 됨

Memo.

2.1.4 전문가와 일반인의 의견 합치를 위한 노력의 필요성

■ **전문가의 관점과 일반인의 위험관점 합치의 중요성**
 ─리스크 커뮤니케이션의 문제는 사회의 다양한 이해관계자들이 서로 다른 관점에서 위험을 상이하게 인지할 때 더욱 커질 수 있음
 ─위험에 대한 정보를 많이 갖고 있는 전문가 일반인의 핵심적인 위험주제를 인식하고 고려해야 함
 ─가장 이상적인 리스크 커뮤니케이션 과정은 전문가의 관점에서 본 각각의 위험문제를 일반인의 위험인식과 일치시키는 것임

> ### 전문가와 일반인의 위험에 대한 상이한 관점들

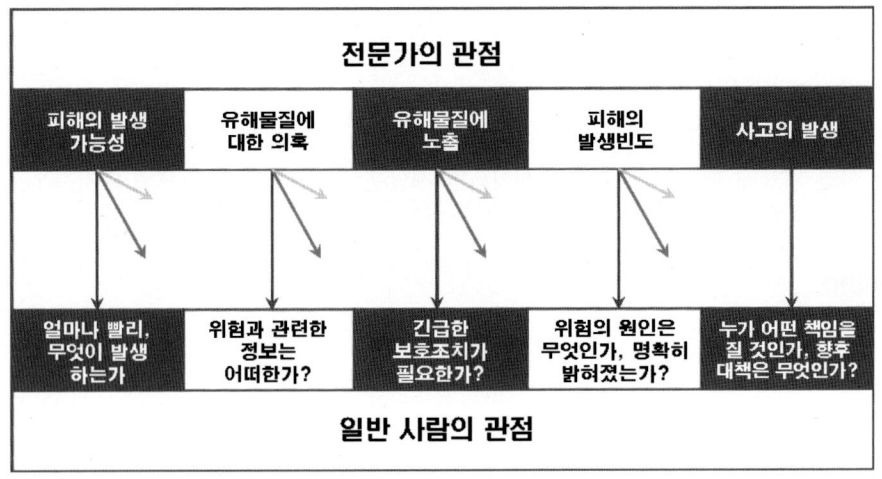

■ 일반인의 리스크 관점을 고려하기 위한 질문들
 - 일반인과 원활한 커뮤니케이션을 위해서 전문가는 다음의 문제점들을 고려해야 함

① "얼마나 빨리, 무엇이 발생하는가?"
 - 무슨 일이 발생할 수 있는가?
 - 잠재적인 폐해나 피해를 수용하도록 할 수 있는가?
 - 위험이 적은 것으로 대체할 것이 있는가? 위험이 있지만 이에 반해서 이용할 수 있는 어떤 것이 있으며, 이로 인한 이익은 어떻게 분배되는가?
② "위험과 관련한 정보는 어떠한가?"
 - 위험에 대한 정보를 숨기고 있는가? 그렇다면 언제, 어떠한 이유로 인해서 정보를 숨겼는가?
 - 기업과 행정기관의 음모가 있는가? 왜 관련된 연구조사가 이루어지지 않았는가?
③ "긴급한 보호조치가 필요한가?"
 - 공포와 비난을 줄이기 위해 어떠한 보호조치를 긴급하게 작동시켜야 하는가?
④ "위험의 원인은 무엇인가, 명확히 밝혀졌는가?"
 - 책임의 전가 등 위험원인에 대한 부정의 원인은 무엇인가?
⑤ "누가 어떤 책임을 질 것인가, 향후 대책은 무엇인가?"
 - 무엇이 발생하였고, 누가 이에 대한 책임을 질 수 있는가?
 - 책임보상, 긴급 조처에 대한 책임은 누가 지는가?
 - 이러한 위험상황이 다시 발생할 수 있는가?
 - 재발방지를 위해 무엇이 행해져야 하는가?

Memo.

2.1.5 리스크 커뮤니케이션의 구성요인 및 기본구조

■ **리스크 커뮤니케이션의 기본토대**

　－리스크 커뮤니케이션은 위험에 대한 자세한 설명, 위험평가에서 나타나는 차이점에 대한 객관적이고 공정한 논쟁과 더불어 리스크에 대한 갈등의 해결책을 제시하는 데 이바지함

　－이러한 리스크 커뮤니케이션 과정에서는 정보전달과 지식전달은 매우 객관적인 형태를 지녀야 함

　－리스크에 대한 정보만을 가지고 갈등의 해결책을 제시할 수 있다는 것은 매우 잘못된 것임. 다음과 같은 3가지 구성요인에 대한 정확한 인식이 필요: 관련자들 간의 관계의 질, 정보의 디자인, 상호 대화의 형성임

리스크 커뮤니케이션의 구성토대

■ 리스크 커뮤니케이션의 제1구성요인: 관련자 간 관계의 질
- 리스크 커뮤니케이션의 효과는 커뮤니케이션 과정에 관련된 참여자 간의 사회적 관계의 질에 주로 좌우됨
- 원활한 사회적 관계는 상호 커뮤니케이션의 내용을 발전시키고 계발하는 토대를 만들어 냄
- 관계의 질 향상은 다음과 같은 질문에 대답함으로써 이끌어 낼 수 있음
  • 관련자들이 커뮤니케이션을 열린 것으로 간주하는지
  • 정보의 흐름이 투명하게 이루어지는지
  • 커뮤니케이션에 참여하여 함께 만들어 갈 수 있는 과정이 모두에게 공평한지
  • 커뮤니케이션 파트너의 독자적인 위치가 진지하고 믿음직한 것으로 평가되는지
- 리스크 상황 시 이해관계자 간 관계의 질을 높일 수 있는 가장 중요한 방법은 바로 '신뢰 관계'를 구축하는 것임. 최근 회자되고 있는 권능, 공정성, 사회적 책임 등의 개념은 리스크 커뮤니케이션과 관련하여 중요한 논쟁점이 되고 있음

Memo.

■ **리스크 커뮤니케이션의 제2구성요인: 정보디자인**

- 리스크에 대한 정보와 지식의 전달은 리스크 커뮤니케이션에 있어서 핵심적인 부분
- 리스크 정보와 지식을 효율적으로 디자인하기 위한 과제는 다음과 같이 제시될 수 있음
  - 무엇을 전달해야 하는가?(리스크 이슈에 대한 핵심주제의 파악)
  - 어떤 질문을 해야 하는가?(각각의 위험관점을 고려함)
  - 무엇을 어떻게 전달하고, 어떤 답변을 해야 할까?(이와 관련하여 리스크에 대한 양적이고 질적인 서술이 필요함)
  - 리스크를 분명하게 드러내기 위해서는 어떠한 비교방법이 도움이 될 것인가?(양적인 위험서술에 대한 이해를 높이기 위해서 적합한 위험대상과 비교)
- 리스크 커뮤니케이션은 여타 커뮤니케이션처럼 명백하고, 이해가능하고 그리고 상호 관련적인 것을 제시하면서 실제적인 커뮤니케이션을 끌어내야 함
- 리스크 메시지를 정확하게 제시하는 것 외에 적합한 정보채널의 선택과 제때에 필요한 정보의 전달은 밀접한 관련을 맺음

■ **리스크 커뮤니케이션의 제3구성요인: 상호대화의 형성**

- 상호대화(커뮤니케이션)를 만들어가는 과정은 크게 3단계로 나눌 수 있음
- 정보에 대한 권리를 열람하고 확인할 수 있는 1단계를 거쳐, 2단계에서는 관련자들의 관심사가 포괄적으로 담길 수 있는 커뮤니케이션 행위가 수행되어야 함. 마지막으로 3단계에서는 중요한 의사결정에 공동으로 참여할 수 있는 참여기회가 제시되어야 함
- 이러한 당사자 간의 상호 대화는 리스크 커뮤니케이션의 핵심이 될 수 있음. 당사자에 대한 관점을 고려하지 않는 일방향적인 정보는 성공적인 커뮤니케이션을 담보할 수 없음

상호 대화의 3단계(정보 → 상호대화 → 참여)

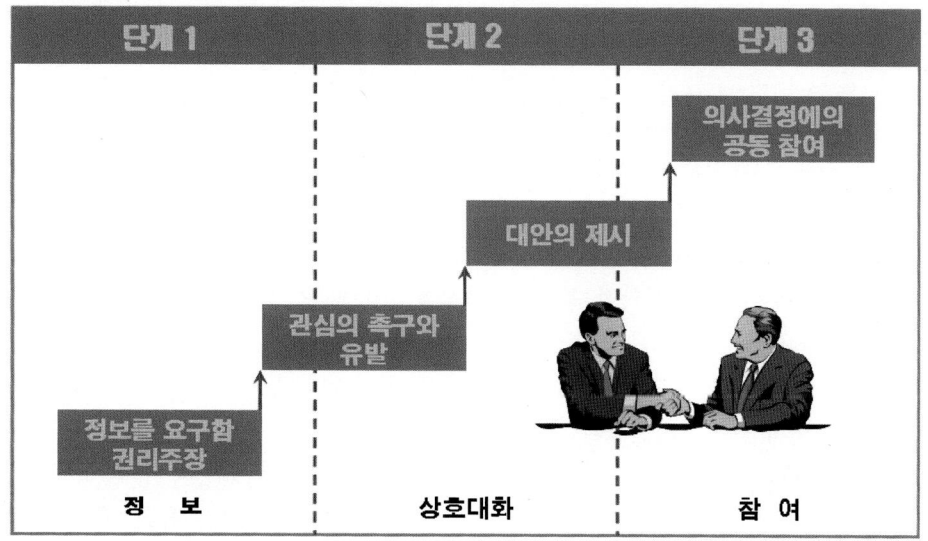

Memo.

2.1.6 리스크 커뮤니케이션 실패로 인한 국내 기업의 위기사례들

■ 커뮤니케이션 실패로 인한 국내 기업의 위기사례들

① 고객관리 커뮤니케이션 실패: 한남투자신탁 고객예탁금 인출사태, 신리온천 개장 지연 사태, 그레이스 백화점 몰래카메라, 위도페리호 침몰, 풀무원과 유전자 조작콩

② 지역주민 관리 소홀: 동양화학 군산 TDI공장, 잠실 롯데월드 주변 주민의 항의시위, 삼성전자 도곡동 사옥건립 반대, 고속전철 사업 부진

③ 위기관리 부실: 삼풍백화점 붕괴, 삼양식품 우지파동, 한진아파트 축대붕괴, 아시아나 목포사고, 현대그룹 경영권 인수 파동(2000. 4.)

④ 조직커뮤니케이션 미흡: 대한항공 제주사고, 동방제약 징코민 파동, 두산전자 페놀유출, 기아자동차 노사갈등과 위기의 내부요인

⑤ 이미지 관리 소홀: 쌍용자동차 인수설 관련 선경 최종현 회장의 유언, 삼성 이건희 회장 북경발언 '행정은 3류, 정치는 4류'(장관, 은행장, 사장 등의 구속)

⑥ 정부관계 및 로비 부적절: 선경 이동통신 반납, 현대제철사업 좌절, MS의 한글 인수 실패

⑦ 언론관계 관리 허술: 한보그룹 부도로 인한 유원건설 파산, 엔젤녹즙기 쇳가루 파동, 예수병원 할머니 사망 보도

⑧ 주주관계 미흡: 벽산건설이 시공한 신행주대교의 붕괴, 대림산업에 대한 소액주주의 경영권 도전, 현대증권의 주가조작사건

⑨ 국제PR 실패: 해외 진출기업들의 은행대출 실패, 대한항공 및 현대자동차 등 한국기업의 김창준 의원 선거자금 불법지원 파동, 대우 톰슨 미디어 인수 실패

1990년대와 2000년대 커뮤니케이션 관련 위기상황 비교

사건 및 사고	특 징
1990년대 -서해훼리호 침몰 -아현동 가스폭발 -삼풍백화점 붕괴 -다발적인 항공사고 -기아 등 대기업 도산 -IMF 위기	◎ 조직원간 커뮤니케이션 오류와 부재가 사건발생의 주요한 원인이 됨 ◎ 도산에 이르는 등 조직에 엄청난 대가가 지불됨 ◎ 사후 처리 및 관리가 매우 허술했음
2000년대 -의약분업 및 의사폐업 -현대사태 -정부와 노조간의 갈등	◎ 조직의 커뮤니케이션 능력부족으로 집난 간의 갈등이 확대되었음 ◎ 조직의 명성에 치명적인 타격을 입음 ◎ 사후 처리에 따라 그 결과 차이가 명백하게 나타남

Memo.

2.2.1 위험인지와 리스크 인식패턴의 포트폴리오

■ 위험인지의 역동적 과정
- 특정 위험에 대한 개인의 인지(recognition)는 시간의 흐름에 따라 변화하면서 발전, 유지, 변화의 단계를 거침
- 여기서 발전이라 함은 외부자극과 개인의 인지 구조 간 상호작용으로 정의할 수 있으며, 이를 통해 하나의 태도를 형성하게 됨
- 이렇게 성립된 태도는 새로운 정보나 사건에 의해 변경될 수 있으며, 갑작스런 변화를 겪기도 함

위험인지의 역동적 과정

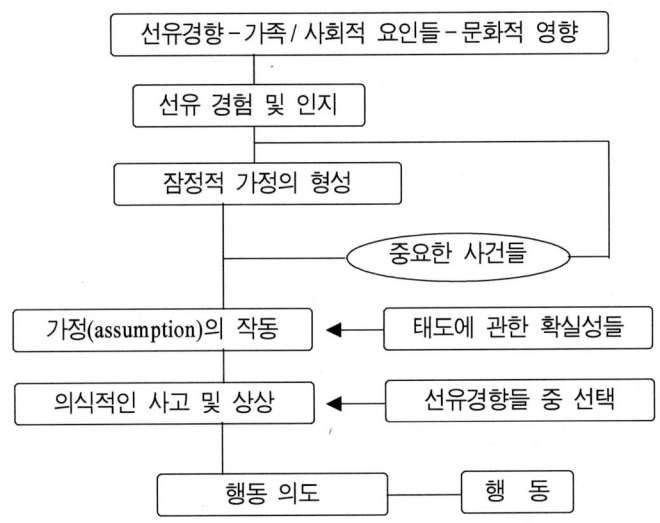

■ 리스크 인식패턴 포트폴리오

- 위험인식 과정을 거쳐 수용자는 나름대로의 인식패턴을 형성하게 되는데, 사회적 규제정도와 사회적 결속정도에 따라 네 가지 포트폴리오 중 하나를 따르게 됨

위험에 대한 인식패턴 포트폴리오

	운명론자(Fatalists)	계급주의자(Hierarchists)
외부	· 과학은 결코 신뢰할 수 없고, 지식 또한 결코 믿을 만한 게 못됨 · 매일 이 사회로부터 벗어나 문제 해결을 회피할 수 있음	· 사람들은 그들이 직면한 위험들을 찾아 내야 하는 책임을 가짐 · 양질의 정보와 건전한 규칙들을 확보하기 위해 대중의 저항이 필요함
규칙 적용 / 내부	개인주의자(Individualists) · 개인적 위험을 깨우치기 위해서 사람들은 자신을 믿어야 함 · 사회적 위험과 관련해 제대로 된 정보를 누가 갖고 있는지 알아야 함	평등주의자(Egalitarians) · 정부와 기업은 그들의 이익을 위해 존재하기에 결코 믿을 만하지 못함 · 비록 유용하다 할지라도 더렵혀지지 않은 지식은 없음

약 ——— 사회적 계약 ——— 강

Memo.

2.2.2 리스크 커뮤니케이션의 증폭 모델(amplification model)

■ **리스크 커뮤니케이션의 증폭모델**
- 증폭모델은 흔히 SARF(Social Amplification of Risk Framework)로 명명함
- 실제적인 커뮤니케이션 이론으로부터 그 함축적 의미가 유래한 이 모델은, 수용자들이 어떻게 위험 신호를 받아들이며 해석하는가에 그 논의의 초점이 맞추어져 있음

■ **렌(Renn)의 증폭모델**
- 증폭모델에 있어서 가장 단순한 모델은 렌(Renn)이 제시하고 있으며, 이는 기존 커뮤니케이션 모델 중 SMCRE(Sender−Message−Channel−Receiver−Effect) 모델과 유사
- 이 모델의 구성인자는 정보원, 전달자, 그리고 수용자 등. 위험에 대한 정보의 흐름은 S에서 R로 진행되고, 피드백이 허용되고 있으나 극히 제한적임
- 렌의 모형은 미디어와 같은 송신자를 통한 정보전달로 인해 수용자에게 미치는 영향에 중점을 두고 있음

■ **슬로비치(Slovic)의 증폭모델**
- 슬로비치의 증폭모델에서는 특정 위험사안이나 사건이 발생하면, 대상 사안에 대한 특성은 미디어 보도로 이어지며, 이때 미디어의 강도 높은 보도는 사람들의 위험 인지도를 강화시키는 역할을 함
- 두 번째 단계로 이를 통하여 위험 사안은 사회집단의 의제로서 작용하게 되며, 셋째 단계에서는 희생자들, 해당회사, 산업체, 여타 기술들로 인해 부정적 영향력이 확산하게 되며, 마지막으로 그 파장은 기업의 수준에서 보면 판매의 손실, 투자자의 감소와 같은 결과를 야기하게 됨

렌(Renn)과 슬로비치(Slovic)의 증폭모델

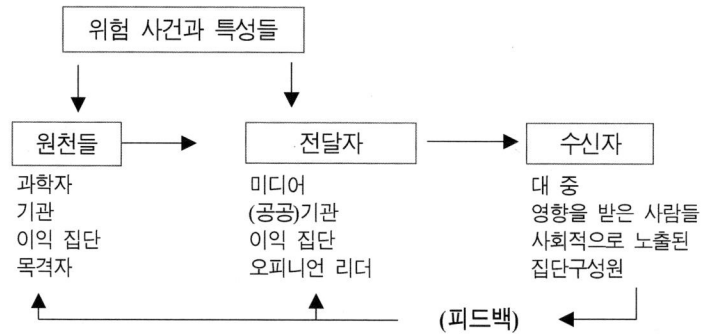

▲ 위험커뮤니케이션 증폭모델: 렌의 모델

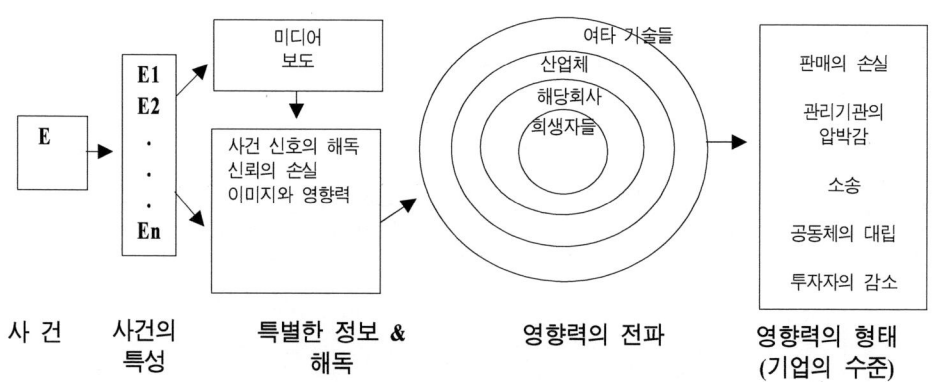

▲ 위험커뮤니케이션의 증폭모델: 슬로비치의 모델

Memo.

2.2.3 대중커뮤니케이션에 기초한 리스크 커뮤니케이션 모델

■ 일반 대중(Lay public)과의 커뮤니케이션에 기초한 리스크컴 모델
  - 대중커뮤니케이션에 기초한 리스크 커뮤니케이션 모델에 따르면, 리스크 커뮤니케이션은 다양한 사회 집단 간의 위험에 관한 전반적인 내용들(위험의 규모 및 성격, 의미, 대처방안)을 공유하고자 하는 노력이나 과정으로 규정할 수 있음
  - 특히 미디어 시스템을 통해 대중에게 위험에 대한 경고와 지지 등의 피드백 활동이 원활하게 이루어지는 맥락을 형성

대중 커뮤니케이션에 기초한 리스크 커뮤니케이션 모델

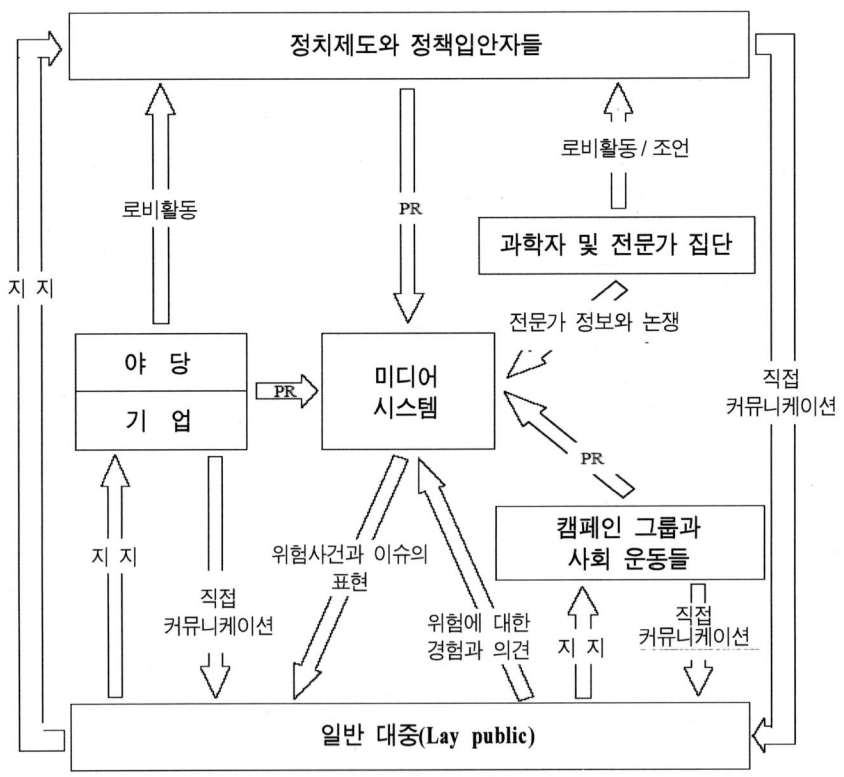

2.2.4 양방향 리스크 커뮤니케이션 모델

■ 리이스와 초시올코(Leiss & Chociolko)의 양방향 커뮤니케이션 모델
 - 이 모델이 포함하는 몇 가지의 특징은 리스크 커뮤니케이션에 있어 필수적인 원칙을 시사함
 - 첫째, 위험에 대한 인식이나 정보흐름은 크게 두 가지 분야로 나뉘는데, 그 하나는 기술적 위험 분야이며, 다른 하나는 인지된 위험 분야임
 - 둘째, 두 분야 상호 간에도 정보의 흐름이 존재하지만, 이 정보흐름은 근본적으로 상이한 언어, 합리성을 채택하고 있는 두 개 집단군 간에 이루어지는 것임
 - 셋째, 위험커뮤니케이션의 주n 체는 산업, 언론, 연구자, 일반시민(공익단체), 정부임
 - 넷째, 커뮤니케이션에는 전달되는 메시지가 있고, 이 메시지가 지나가는 통로(채널)가 있음. 언론이나 정보는 행위 주체이면서 동시에 통로의 역할을 하기도 함

리이스와 초시올코(Leiss & Chociolko)의 양방향 커뮤니케이션 모델

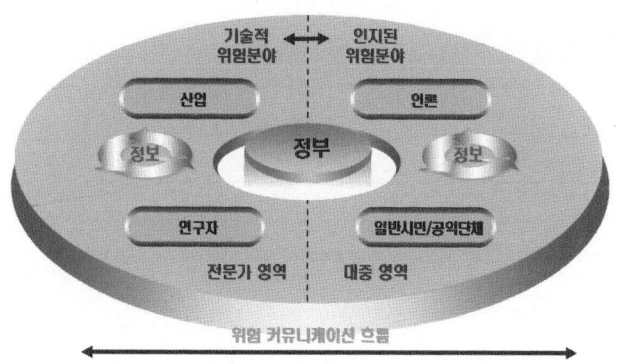

Memo.

2.2.5 필요한 정보들을 취사선택할 수 있는 숄더러 (Scholderer)의 모델

■ GMO의 안전성을 효율적으로 커뮤니케이션하기 위해 제안된 모델
- 이 모델은 정부 차원에서 소비자(수용자)에게 유전자변형식품의 안전성을 효율적으로 커뮤니케이션할 수 있도록 전략적인 차원에서 제시되었으며, 피드백 가능성을 고려한 리스크 커뮤니케이션 모델이라고 할 수 있음
- 이 모델에서는 각 세부요인들을 선택하여 가장 필요한 요인들을 중심으로 커뮤니케이션 전략을 구축할 수 있음
- 예컨대, 과학적인 정보전달이 목표라면 정보제공단계에서는 안전(safety), 건강(health), 도덕적 가치(moral values), 이익의 분배(distribution of benefit), 정보(information) 등을 선택하며, 메시지 설계단계에서는 메시지의 정확성(correctness), 완전성(completeness)이 선택될 수 있고, 메시지의 최종전달 목표(소비자 혹은 수용자 변인)는 지식(knowledge)과 문제인식(problem awareness)이 됨

Scholderer의 리스크 커뮤니케이션 모델

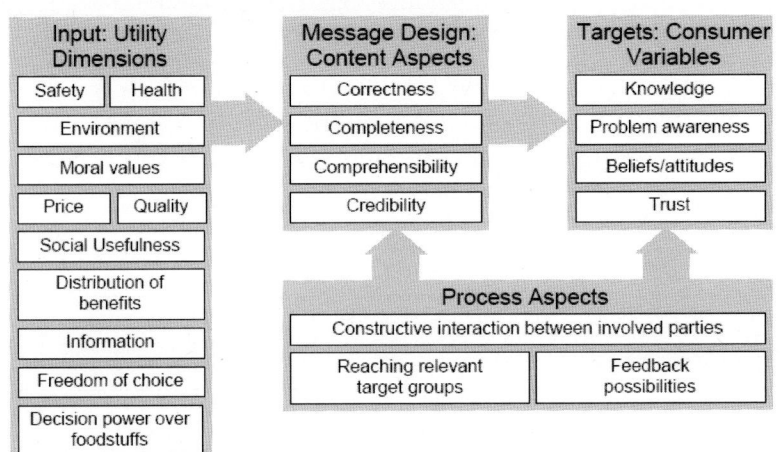

2.2.6 대중 참여모델, 전자파 관련 사례

■ 대중 이해 증진을 위한 참여모델(전자파 사례)
  − 이 모델에는 휴대폰전자파라는 위험한 기술의 상이한 의미구성에 대한 조사가 관련
    된 사회적 집단의 대표자(예컨대, 시민단체, 산업과 관공서, 그리고 소위 '전자에 민
    감한' 주민) 간의 커뮤니케이션 과정을 통해 질적인 성공을 거둘 수 있다는 점을
    중요한 컨셉으로 제시하고 있음

대중 참여 커뮤니케이션 모델

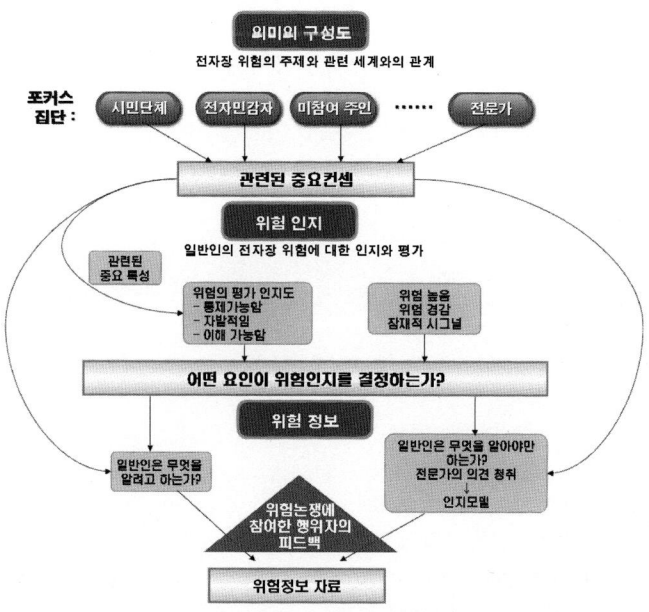

Memo.

2.2.7 멘탈 모델(Metal model)

■ 멘탈 모델의 개요
- 멘탈 모델(Mental model)은 사고모형이라고도 부르는데, 그것은 자신이나 타인, 환경, 상호작용에 있는 사물들에 대해서 갖게 되는 모형을 의미함
- 지금까지 멘탈 모델에 관한 대부분의 연구는 인지 과학의 주변부에서 학제적인 영역에 자리잡고서 그 성질상 이론적이기보다는 응용적인 측면에서 다루어져 왔음
- 그동안 멘탈 모델에 관해서는 여러 분야의 학자들에 의해 논의되고 언급하여 왔지만, 주로 연역적 추론(deductive reasoning)과 인간-기계 그리고 인간-컴퓨터 상호작용(human-machine and human-computer interaction), 위험지각(risk perception), 커뮤니케이션(communication), 시스템 이론(system theory), 경영의사결정(managerial decision making) 등의 분야에서 많이 다루어져 왔음

■ 멘탈 모델 방법론

1. Creating an expert model
   전문가 모델을 구축
2. Identifying information needs (critical concepts) for the target group (lay persons)
   타깃집단 혹은 대중을 위한 정보욕구의 파악
3. Developing an interview questionnaire for lay persons
   대중을 위한 질문지(서)를 준비
4. Conducting interviews with lay persons
   대중에 대한 인터뷰 수행
5. Mapping lay beliefs into the expert model
   전문가 모델을 통한 대중적 믿음(신뢰)의 맵핑
6. Identifying correct beliefs, gaps, and misconceptions
   제대로 된 믿음, 견해 차이, 오해 등의 분석
7. Creating and evaluating a communication
   새로운 커뮤니케이션 방법론 구축 혹은 기존의 평가

Mental model approach

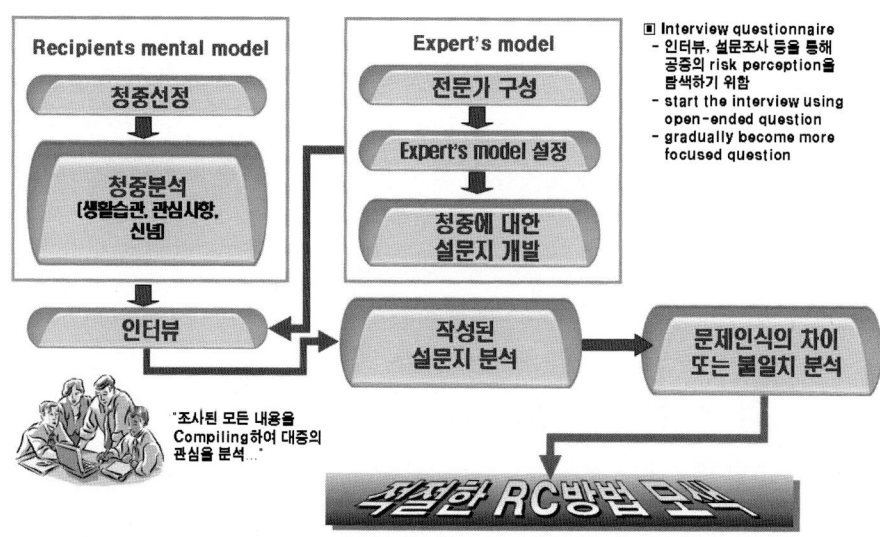

Recipients mental model

- 청중선정
- 청중분석 (생활습관, 관심사항, 신념)
- 인터뷰

"조사된 모든 내용을 Compiling하여 대중의 관심을 분석..."

Expert's model

- 전문가 구성
- Expert's model 설정
- 청중에 대한 설문지 개발

- 작성된 설문지 분석
- 문제인식의 차이 또는 불일치 분석

적절한 RC방법 모색

☐ Interview questionnaire
- 인터뷰, 설문조사 등을 통해 공중의 risk perception을 탐색하기 위함
- start the interview using open-ended question
- gradually become more focused question

Memo.

2.2.8 수신자 – 발신자의 의미전달에 초점을 맞춘 쌍방 모델

■ 쌍방 모델의 개요
 – 이 모델은 위험커뮤니케이션 과정에서 수신자와 발신자의 의미전달에 초점을 맞추고 있음
 – 이와 동시에 커뮤니케이션 과정에서의 맥락과 피드백에도 중요성을 두고 구축된 모델이라고 할 수 있음
 – 이 모델에서 발신자(sender)는 전송해야 할 정보를 선택하고, 수신자(receiver)는 그러한 정보 중에서 필요한 것들을 선택함

Guetteling과 Wiegman의 커뮤니케이션 쌍방모델

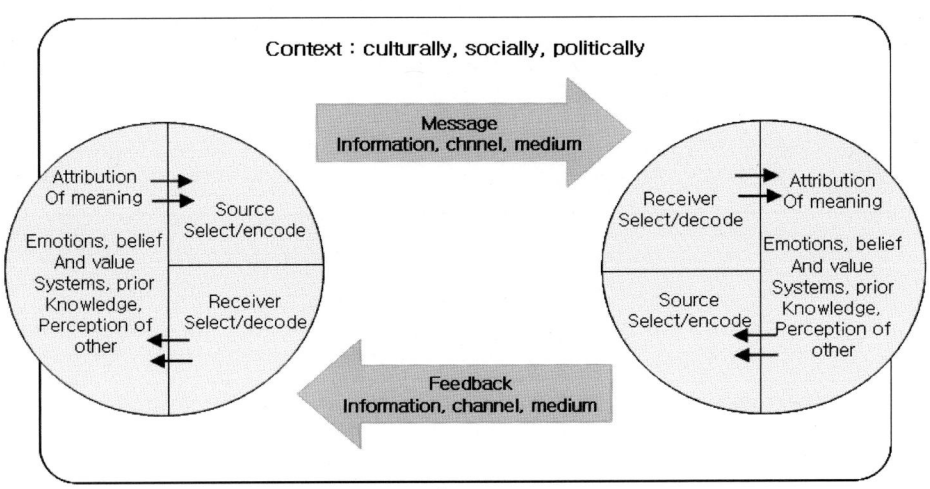

2.2.9 미디어 매개 모델

■ 미디어 매개 모델의 개요
- 이 모델은 주로 환경관련 위험커뮤니케이션 과정에서 기업, 지역주민과 환경 NGO 등 관계자 전체의 문제와 행위에 대한 이해수준을 높이는 일과 정보를 수용하는 측이 이용 가능한 정보를 충분하게 공급받았다고 납득하도록 하는 것을 목적으로 함

미디어 매개 모델

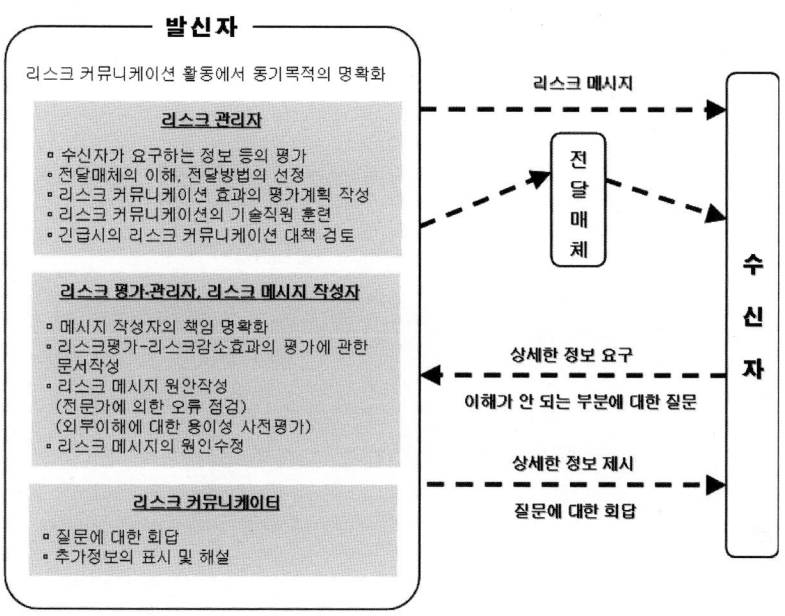

Memo.

2.2.10 시나리오 변수를 고려한 위기관리 모델

■ 미트로프와 아나고스(Mitroff & Anagnos, 2001)의 위기관리 모델
  - 일관되게 미트로프는 좋은 위기관리 모델은 다음의 네 가지 변수를 포함해야 한다고 주장하고 있음
  - 그 변수는 위기유형, 위기단계, 위기의 원인이 되는 조직의 요소, 위기에 의해 영향을 받는 공중을 의미함
  - 이 네 가지의 변수를 통제하는 것도 중요하지만, 최근 미트로프와 아나고스는 이러한 네 가지 요소 외에도 '시나리오'라는 새로운 요소를 첨가함. 시나리오는 생각하지 못한 어떠한 위기상황이 일어날 수 있으며 어떻게 계획을 적용할 것인가를 미리 예상해 보는 것을 의미함

시나리오 변수를 포함한 Mitroff와 Anagnos의 위기관리 모델

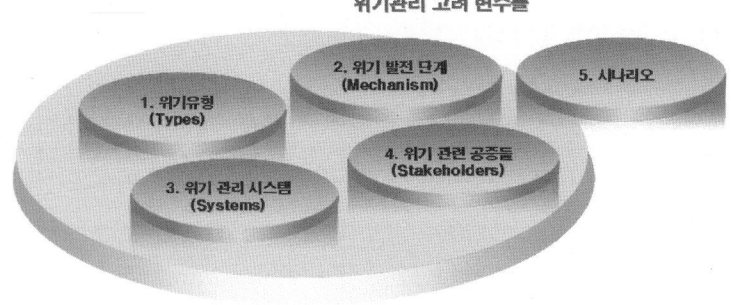

위기관리 고려 변수들

Memo.

2.2.11 위기 공중 관계 모델(model of risk public relations)

■ 마라(Marra, 1992)의 위기 공중 관계 모델
 - 마라는 위기관리가 네 가지 단계를 거친다고 상정함
 - 첫 번째 단계는 계속되는 위험 관리 커뮤니케이션 활동과 위기 커뮤니케이션 계획 설정
 - 두 번째 단계는 관련 공중과의 위기 전 단계
 - 세 번째 단계는 위기 커뮤니케이션 과정과 실행
 - 네 번째 단계는 관련 공중과의 위기 후 관계
 - 이러한 위기관리 단계에는 두 가지 역외변수가 존재하는데, 첫째 변수는 조직, 커뮤니케이션의 이데올로기이며, 둘째 변수는 조직 법률관리팀의 영향력임
 - 마라의 모델은 위기관리를 위한 공중 관계학적인 전형을 만들었다는 데 그 의의가 있음

Marra(1992)의 위기 공중 관계 모델

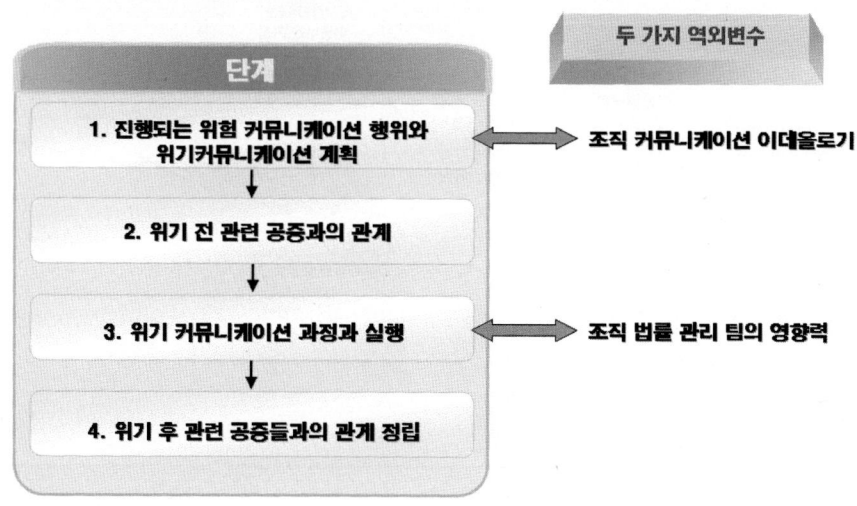

2.2.12 다학문적인 접근(multidisciplinary approach)을 이용한 위기관리 모델

■ 피어슨과 클레어(Pearson & Clair, 1998)의 위기관리 모델
 - 피어슨과 클레어는 다학문적인 접근을 이용하여 위기관리 연구를 발전시킴
 - 이에는 심리학적인 연구관점, 사회 정치적인 연구 관점, 기술 구조적인 연구 관점 등이 포함됨
 - 심리학적인 관점에서 위기는 그 특성상 관련한 개인들에게 심리적인 파괴를 가져온다는 데 초점을 맞추고 있으며, 사회 정치적인 연구 관점은 사회질서, 공유 가치의 붕괴, 상호 규범의 이완 등에 집중함
 - 기술구조적인 관점은 테크놀로지와 구조적 요소들의 위협 등에 연구의 초점을 맞춤

다학문적인 접근을 이용한 Pearson과 Clair(1998)의 위기관리 모델

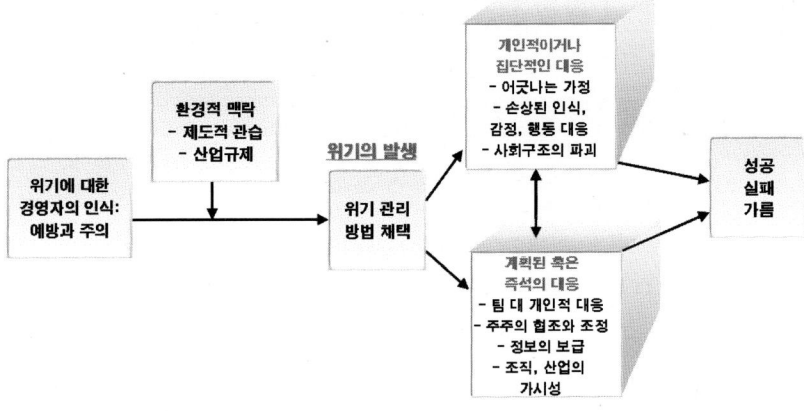

Memo.

2.3. 위기관리 일반론

2.3.1 위기관리 일반론 (1): 개념 및 기본모델

■ 위기관리의 개념
  - 위기로 인한 부정적인 결과를 예방하거나 최소화함으로써 위기의 피해로부터 조직, 스테이크홀더, 산업계를 보호하는 것
  - 커뮤니케이션 활동이 위기관리의 중요 개념으로 부상
  : 지속가능경영 추진을 위해, 위기관리를 위해 대내외 이해관계자와 효과적으로 커뮤니케이션함으로써 기업 활동성과의 극대화 및 지속가능한 사회 구축에 기여
    * 특히 이해관계자와의 커뮤니케이션이 핵심으로 부상

위기관리의 대상과 전사적 위기관리(Enterprise Risk Management)

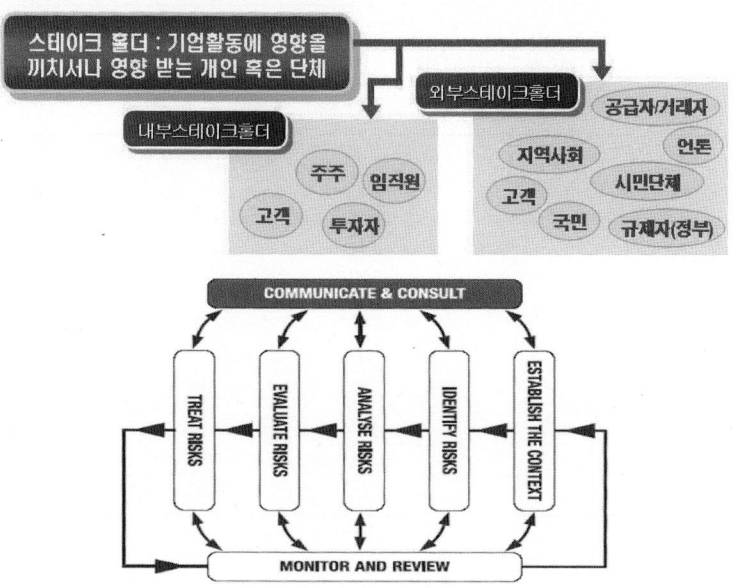

- 위기관리 과정(모델)
  - 예방(prevention), 대비(preparation), 실행(performance), 학습(learning)

Memo.

2.3.2 위기관리 일반론 (2): 발생원인과 특징 & 대응단계

■ **왜 조직에 위기상황이 발생하는가?**
  - 사업 및 경영 환경, 사업 구조 및 프로세스의 다각화, 다양화
  - 이슈 및 리스크 발생 가능성 증대
  - 잠재적 이슈, 만성적 이슈, 돌발적 이슈
  - 이슈 vs. 위기

■ **일반적인 위기상황의 특징**
  - 예측 불가능
  - 상황의 증폭 및 2차, 3차 위기 가능성
  - 다양한 이해관계 및 여론 형성
  - 신속한 상황 파악과 판단, 조치, 커뮤니케이션이 요구됨
  - 문제점 발생원인: 판단의 오류, 늑장 조치, 커뮤니케이션 부재

■ **위기관리의 과제들**
  - 발생 가능한 위기 상황의 효과적인 진단 및 예측, 대비 및 대응 능력 강화
  - 상황 발생 시 신속한 상황 파악, 의사 결정, 조치 및 커뮤니케이션을 통해 피해의 최소화 및 최단 기간화
  - 여론의 쟁점 사항에 대한 효과적인 대응 논리 확산
  - 언론 보도에 대한 효과적인 대응

■ **위기상황에 따른 사전, 사후 대응단계**
  - 사전위기관리: 사전지각(Perception), 예방(Mitigation), 준비(Preparation)
  - 사후관리: 대응(Response)과 회복(Recovery)

위기관리의 대응단계 (basic process)

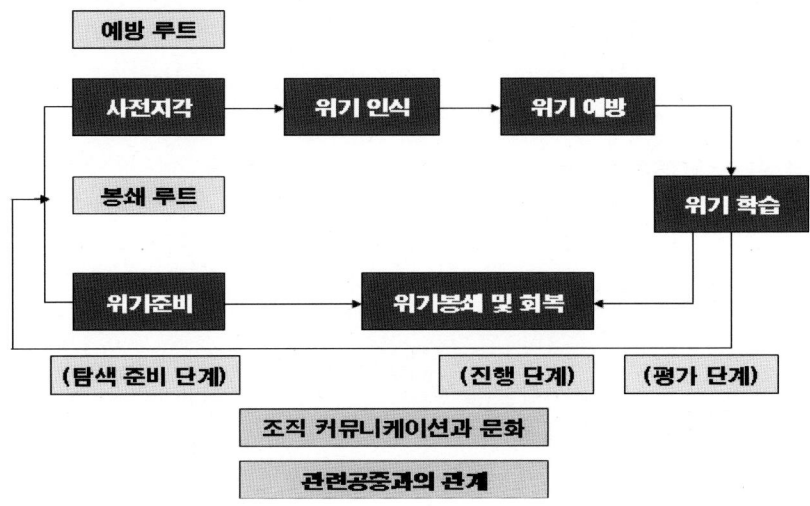

예방 루트

| 사전지각 | → | 위기 인식 | → | 위기 예방 |

위기 학습

봉쇄 루트

| 위기준비 | → | 위기봉쇄 및 회복 | ← |

(탐색 준비 단계)　　　(진행 단계)　　(평가 단계)

조직 커뮤니케이션과 문화

관련공중과의 관계

Memo.

2.4. 기업의 위기관리와 위기관리 커뮤니케이션

2.4.1 발생 가능한 기업의 위기

■ 파급효과에 따른 기업의 위기유형
 – 즉각적 파급효과: 위기가 감지되었을 때 곧바로 대응활동 필요
 – 단계적 파급효과: 위기가 여러 단계를 거치면서 점차 커질 징조를 보일 때 이슈관리 차원에서 대응활동이 이루어져야 함

발생 가능한 기업의 위기 분류

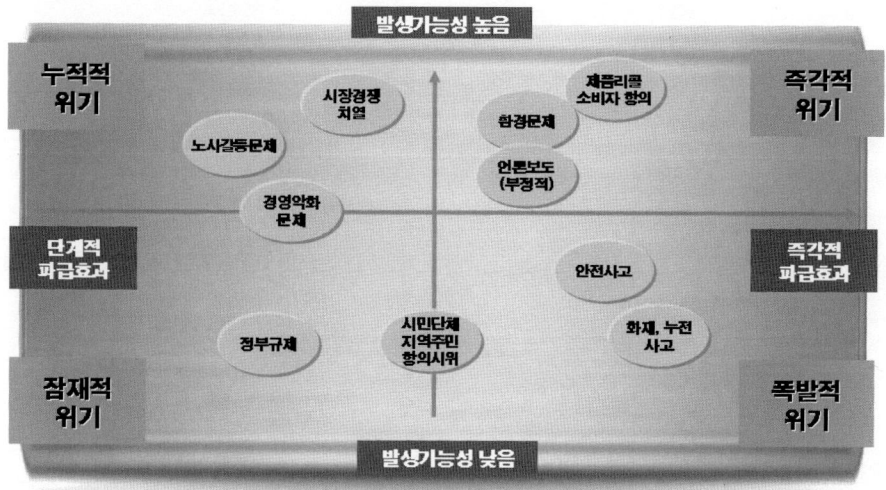

■ 최근 기업이 중요하게 고려해야 할 위기의 카테고리
- 전략적 리스크: 적대적 합병, 경영권에 대한 위협 등
- 사업 리스크: 경쟁사의 출현, 실업률 증가 등
- 법적 리스크: 법규 위반, 제품 문제 등
- 보안 리스크: 사이버 범죄, 기록 / 데이터 손실 등
- 인프라 리스크: 전력 감축 / 중단, 가스 감축 / 중단 등
- 내부장치 리스크: 내부전원 미비, 에어컨디션 마비 등
- 공급자 리스크: 공급자 재고 불충분, 공급자 파산 등
- 자연재해 리스크: 지진, 산불 등

기업이 대응해야 할 중요 위기의 카테고리

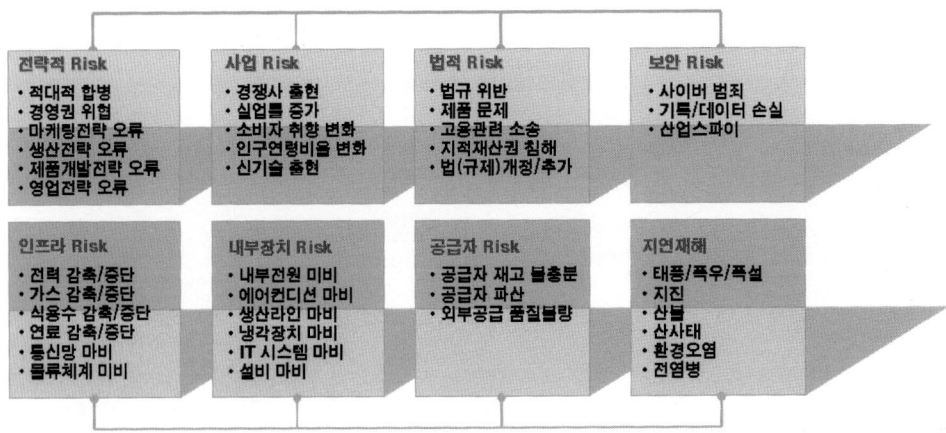

전략적 Risk
- 적대적 합병
- 경영권 위협
- 마케팅전략 오류
- 생산전략 오류
- 제품개발전략 오류
- 영업전략 오류

사업 Risk
- 경쟁사 출현
- 실업률 증가
- 소비자 취향 변화
- 인구연령비율 변화
- 신기술 출현

법적 Risk
- 법규 위반
- 제품 문제
- 고용관련 소송
- 지적재산권 침해
- 법(규제)개정/추가

보안 Risk
- 사이버 범죄
- 기록/데이터 손실
- 산업스파이

인프라 Risk
- 전력 감축/중단
- 가스 감축/중단
- 식용수 감축/중단
- 연료 감축/중단
- 통신망 마비
- 물류체계 마비

내부장치 Risk
- 내부전원 미비
- 에어컨디션 마비
- 생산라인 마비
- 냉각장치 마비
- IT 시스템 마비
- 설비 마비

공급자 Risk
- 공급자 재고 불충분
- 공급자 파산
- 외부공급 품질불량

자연재해
- 태풍/폭우/폭설
- 지진
- 산불
- 산사태
- 환경오염
- 전염병

Memo.

2.4.2 국내 기업의 리스크 현실과 내·외부 환경 균형의 중요성

- **■ 총체적인 문제점: 종합적이고 체계적인 대비책의 미비**
  - 일부 위험 종류에 대한 관련 부서 관리: 전사 차원의 대응책 미흡
  - 법적 요구사항 준수 정도: 경감 및 비상 대응 수준
  - 재난 복구에 대한 계획의 부재: 일부 기업에서 IT분야의 대응책을 구비함
  - 전사 차원의 위험에 대한 인식: 자사의 위험가능성에 대한 낮은 확률론 팽배

- **■ 종합대책의 미비 원인**
  - 법적인 제재 사항 미비
  - CEO의 적극적인 관심 결여
  - 체계 구축 시 자금소요를 '미래 위한 투자'가 아닌 가외적인 비용으로 인식함
  - 체계 구축의 방법과 방법론에 대한 총체적인 무지
  - 위기의식의 저하
  - 위기 경험 기업에 대한 정보 접근의 곤란: 정보공개를 꺼리는 기업문화

- **■ 최근 기업 위기관리 관련 정부의 움직임**
  - 관련법 발의: '재해경감을 위한 기업 자율 활동 지원법'
  - NSC를 중심으로 한 위기대응 매뉴얼 제작 및 배포

- **■ 위기관리에 있어서 기업 내적 차원과 외적 차원의 균형의 중요성**
  - 기업의 위기관리에 있어서 내적 차원과 외적 차원의 균형이 필요함
  - 특히 내적 차원이야말로 위기를 관리하는 핵심 원동력이며, 외적 차원은 이것들을 실행하게 만들어 주는 도구로 작용함

위기관리에 있어서 기업의 내적 · 외적 차원의 균형

Memo.

2.4.3 기업이 방치하기 쉬운 위기징후들과 위기관련 당면과제의 변화

■ 기업이 방치하기 쉬운 위기촉발 징후들
  - 글로벌 기업인 소니와 GM 등도 현재의 성공에 안주하며, 다양한 외부 위기 요인에 귀를 기울이지 않아 치명적인 위기를 경험한 바 있음
  - 기업들이 흔히 방치하기 쉬운 위기촉발 징후 10가지
  ① 경영자, 관리자에 대한 내부 불만이 늘어나기 시작함
  ② 고객의 요구사항이 많아지지만, 이에 대해 기업이 잘 귀를 기울이지 않음
  ③ 직원의 업무이탈과 이직이 증가함
  ④ 사업과 관련한 위기에 관한 보고 및 협의, 대응이 지연됨
  ⑤ 기업의 소유, 운영, 자원에 대한 지배구조가 변화함
  ⑥ 조직 및 이해관계인의 요구사항들이 경영의사결정에 반영되지 않음
  ⑦ 사업전개 및 수행에 필요한 경영자원들(구성원, 물적 자원, 자금, 생산요소)의 부족 현상이 나타남
  ⑧ 제품, 기술, 서비스, 시장의 경쟁구도가 변화하게 됨
  ⑨ 정부 정책기조 등의 주요 환경 영향 요인이 변화함
  ⑩ 협력사, 관계사, 경쟁사의 위기 상황에 소극적으로 대처함

■ 위기경영 시대의 도래
  - 시대의 흐름에 따라 기업조직에 처신해야 하는 당면과제가 변화하고 있음

1990년대부터의 기업조직의 당면위기 과제의 변화

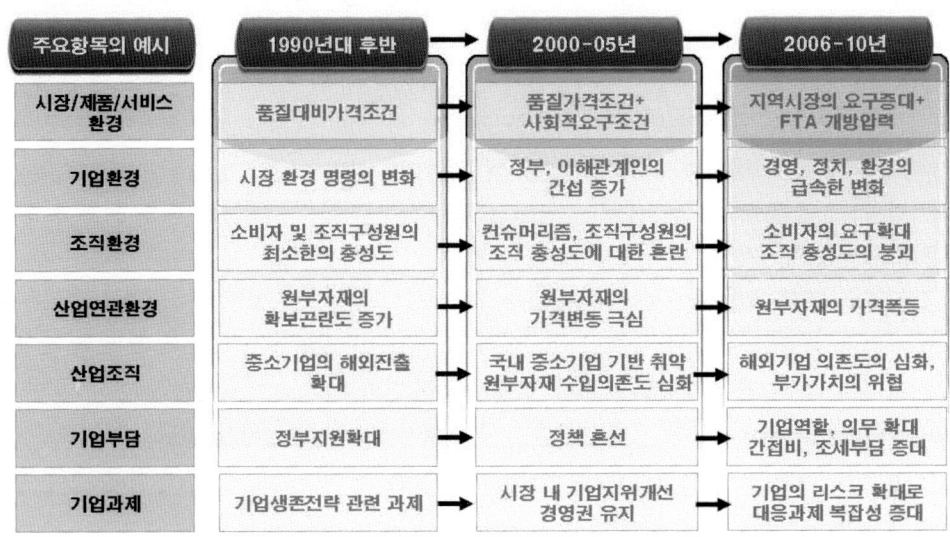

주요항목의 예시	1990년대 후반	2000-05년	2006-10년
시장/제품/서비스 환경	품질대비가격조건	품질가격조건+ 사회적요구조건	지역시장의 요구증대+ FTA 개방압력
기업환경	시장 환경 명령의 변화	정부, 이해관계인의 간섭 증가	경영, 정치, 환경의 급속한 변화
조직환경	소비자 및 조직구성원의 최소한의 충성도	컨슈머리즘, 조직구성원의 조직 충성도에 대한 혼란	소비자의 요구확대 조직 충성도의 붕괴
산업연관환경	원부자재의 확보곤란도 증가	원부자재의 가격변동 극심	원부자재의 가격폭등
산업조직	중소기업의 해외진출 확대	국내 중소기업 기반 취약 원부자재 수입의존도 심화	해외기업 의존도의 심화, 부가가치의 위협
기업부담	정부지원확대	정책 혼선	기업역할, 의무 확대 간접비, 조세부담 증대
기업과제	기업생존전략 관련 과제	시장 내 기업지위개선 경영권 유지	기업의 리스크 확대로 대응과제 복잡성 증대

Memo.

2.4.4 리스크 커뮤니케이션 보강을 위한 마이크로 정책과 대응조직의 유형

■ 기업특성에 따른 리스크 커뮤니케이션 대응 유형
- 기업에서 리스크 커뮤니케이션은 상이한 형태로 조직화됨. 따라서 기업의 크기와 기존에 존재하는 문제의 압력들이 충분히 고려될 필요가 있음. 이에 따라 네 가지 모델로 분류할 수 있음

기업의 특성에 따른 커뮤니케이션 대응모델

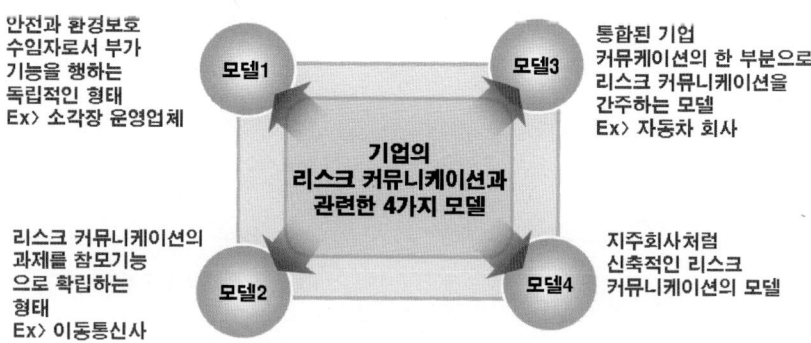

- 모델1은 안전업체나 보호시설업체에서 부가적인 기능으로 리스크 커뮤니케이션을 맡기는 위탁 모델임
- 모델2는 리스크 커뮤니케이션을 끌어낼 수 있는 주제를 제한적인 스펙트럼 속에서 중소기업에 적용하여 해결하는 방법임
- 모델3은 전략적인 위험이 크고, 위기를 발생시키는 경우가 매우 빈번한 거대 기업들이 활용할 수 있는 통합적인 조직 커뮤니케이션 모델임.
- 모델4는 기업의 운영에 책임을 지지 않고, 투자전략이나 기업의 발전전략, 그리고 전체적인 틀의 확립에 책임을 지는 지주회사에 해당되는 리스크 커뮤니케이션 대응 모델임. 이 모델의 경우에는 지역적으로 또한 빠르게 리스크 커뮤니케이션에 대응할 수 있음

- **기업의 리스크 커뮤니케이션 보강을 위한 마이크로 정책**
  - 거시적인 기업 리스크 정책에 덧붙여 리스크 커뮤니케이션의 효과를 저해하는 기업 내적인 장애물이나 요인을 제거하는 정책이 필요함(마이크로 정책)
  - 신속한 정보 흐름과 문제에 대한 직원들의 민감성을 높이기 위한 정보의 필터링과 신뢰할 만한 사람(기관)을 리스크 관리의 대표자로 파견하는 것, 그리고 피해자 확인이 기업조직의 신속하고 적절한 대응행위를 위해 필요함

마이크로 정책을 고려한 기업의 리스크 커뮤니케이션 정책

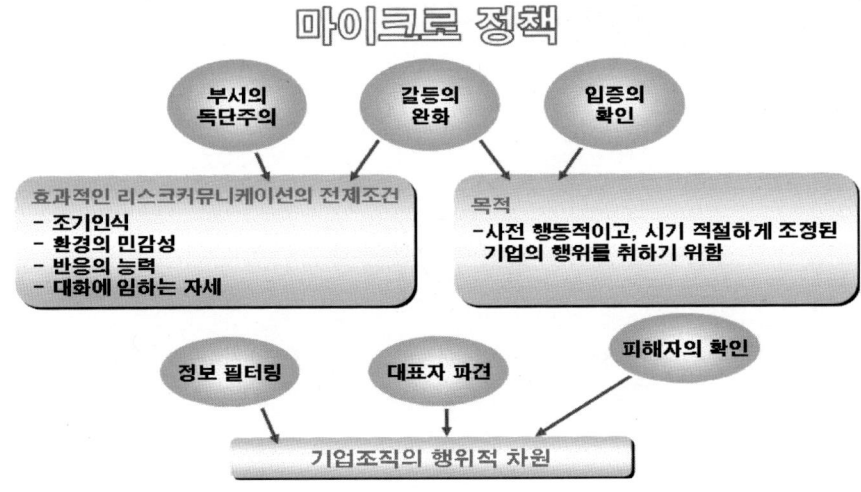

Memo.

2.4.5 기업의 위기관리와 전략적 커뮤니케이션의 중요성

■ 위기가 발생한 후 가장 중요한 기업전략, 전략적 커뮤니케이션
 - 위기를 성공적으로 극복한 사례로 꼽히는 존슨앤존슨의 타이레놀 독극물 사건과 국내의 공업용 우지라면 사건과 불량 만두 사건의 핵심적인 차이점은 바로 대고객 커뮤니케이션에 있음
 - 타이레놀 사건의 경우 제조공정에 대한 자발적인 언론 공개와 정확한 정보를 소비자의 니즈에 맞도록 제공한 것이 주효했음
 - 반면 국내의 공업용 우지라면과 불량만두 사건의 경우 회사의 위기 상황만 생각하고 소비자 등 다양한 이해관계자들이 원하는 정보가 무엇인지에 대한 판단이 늦었음
 - 따라서 위기 상황에서는 위기이슈를 신속하게 처리하는 것과 동시에 어떻게 전략적으로 커뮤니케이션하느냐가 기업의 성패를 좌우할 수 있음

■ 루머를 관리하지 않아 로고를 교체한 'P&G'의 사례
 - 기업의 가치 하락은 물리적인 위기 이슈뿐만 아니라, 기업의 로고 및 브랜드에 대한 루머와 조작된 사실에 의해 발생하기도 함
 - P&G의 경우 로고에 보이는 달 위의 남자와 별 모양이 사탄주의와 관련 있다는 루머에 시달렸는데, 이를 적절히 처리하지 못해 결국은 로고를 교체하는 상황에 이름

대고객 커뮤니케이션의 실패로 로고를 교체한 P & G의 사례

새로운 로고로 교체

■ 위기가 기업 및 이해관계자에게 미치는 영향

 －기업의 위기와 관련된 이해관계자들: 고객, 직원, 정부, 기타 이해관계자 등. 최근에
  는 더욱 많은 이해관계자들이 추가되고 있음(시민단체 등)

 －위기의 영향력: 고객의 신뢰 훼손, 기업과 제품에 대한 부정적인 이미지 확산, 매출
  감소, 법적인 책임 등

 －이러한 위기의 영향력을 반감시키기 위해서는 무엇보다도 고객과의 원활한 커뮤니
  케이션이 필요함

기업 위기의 영향력: 고객 커뮤니케이션이 필요한 부분

Memo.

2.4.6 기업의 위기관리 10계명

■ 기업의 위기관리 10계명

1. 모든 위기는 사전에 징후(prodrome)가 있다. 이 징후를 추적, 사전에 위기를 차단해야 한다. 이 작업이 성공적으로 되기 위해서는 끊임없는 환경모니터링(Environmental Monitoring)이 필요하다.

2. 위기 시 당황하지 않고 체계적으로 위기를 관리하기 위해서는 위기관리 매뉴얼이 필수적이다. 해당 부서는 대형위기 발생이 가능한 곳을 우선순위를 선정해 위기관리 매뉴얼을 만들어야 한다. 그리고 각 시나리오에 따른 모의 훈련을 주기적으로 실시해야 한다. 위기의 3P(Proactive, Prepared and Practice)를 철저히 인식하게 해서 사전준비와 연습보다 더 중요한 위기대비는 없다는 것을 피부로 느끼게 해야 한다.

3. 남의 위기를 보고서 카타르시스만 맛보지 말고 거기서 교훈을 얻으라. 그리고 위기발생 시 목표공중(Target Public)을 명확하게 설정해 그들에게 던질 '핵심메시지'를 정확히 개발하라.

4. 위기 시 위기관리의 중요한 역할을 수행하는 대변인의 역할을 홍보담당이 당연히 해야 한다는 생각을 버려라. 위기의 성격과 정도에 따라 관련 간부가 대변인으로 결정되어야 한다.

5. 사상자가 있을 때는 최우선적으로 그 가족에게 먼저 통보하라. 그 가족들이 언론을 통해서 알게 하는 것은 금물이다.

6. 위기관리팀장을 즉각 임명하고 해당책임자는 즉시 현장을 방문하라. 그리고 위기관리팀에는 위기상황에 적합한 위기관리 전문가를 합류시켜라.

7. 사고 발생 후 24시간이 위기관리의 성패를 좌우한다. 이 시간 내에 언론의 마감시간을 놓치지 말고 그때까지 밝혀진 사실만이라고 정확히 알려주라. 완벽한 보도자료를 내놓기 위해 마감시간을 놓치게 되면 각 신문이나 방송마다 다른 사고원인과 분석이 나오면 그 자체가 또 다른 위기를 조성하게 된다.

8. 언론매체를 정보를 숨겨야 할 대상이라 생각하지 말고 오히려 정확한 정보를 내주어 그것을 국민과 정확한 커뮤니케이션을 할 수 있는 채널이 되게 하라.

9. 위기 시 'No Comment'라는 말을 쓰지 말라. 최대한 언론에게 정확한 정보를 주고 정직한 커뮤니케이션을 하며 현재까지 거기에 대한 확실한 정보가 없을 때 'No Comment'라는 표현을 쓰면 뭔가 숨기고 있는 것처럼 보이기 때문에 No Comment대신에 '현재로선 거기에 대한 정보가 없습니다만 결과가 나오는 대로 즉시 알려드리겠습니다'와 같은 긍정적인 표현을 써야 한다..

10. 위기를 기회로 바꾸라.

기업의 위기관리 대응 및 준비과정

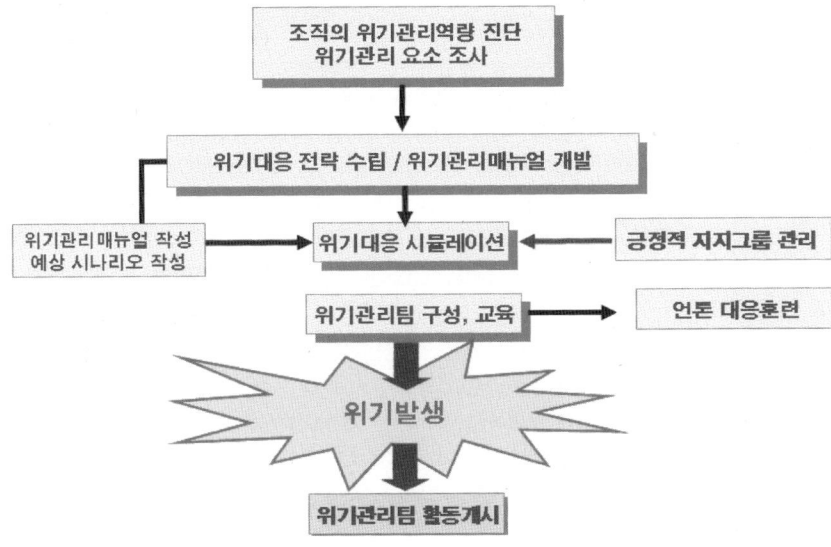

2.5.1 대형 사고의 가능성이 높아진 현대사회

■ '현대사회 = 위험사회'
- 문명 발달이 오히려 다양한 위험과 사고의 가능성을 높이고 있는 역설적인 상황
- 작은 사고도 대형 참사로 연결될 수 있는 사회구조로 변화
- 위험을 통제하거나 예방할 수 있다는 전제하에서 새로운 기술의 도입이나 대형 시설의 건설 등이 이루어지지만 이에 대응하여 잠재적인 위험은 증가 중

■ 국가차원의 위기를 초래하는 비정상 사고(abnormal accident)의 발생
- 악의를 가진 개인이나 집단이 저지르는 비정상 사고의 발생이 늘어나고 있는 추세
- 정치적 목적으로 저질러진 미국의 9·11테러, 영국의 지하철 테러, 대구지하철 방화사건 등이 그 사례라고 할 수 있음
- 사회에 대한 불만이나 정신적인 병증을 가진 개인이 불특정 다수에 대한 공격으로 이어지는 사례도 빈발. 추후 국가 차원의 위기로 증폭될 가능성 높음

■ 국가 차원의 위기가 글로벌 위기로 확산
- 빈번한 국가 간 교역의 증가와 정보통신망의 발달로 국가 차원의 위기가 글로벌 위기로 증폭될 가능성 높음
  * 미국 發 금융위기가 세계금융시장을 위협
  * 유럽과 미국의 광우병 상존 위협이 국가 간 통상마찰과 위기감을 조성
  * 저개발 국가들의 화석연료의 지속적인 사용이 글로벌 위기를 초래

국가 차원의 위기로 증폭되는 비정상 사고(abnormal accident)

Memo.

2.5.2 사회발전에 따른 국가 및 사회 차원의 안전요구(한국의 경우)

■ 국가적 차원에서 요구되는 안전의 내용

　－사회발전에 따른 위험요소의 등장으로 인해 발생되는 국가적 차원에서 요구되는 안전의 내용에는 국가안보, 에너지 수급, 경제 성장 등이 있음

국가 차원의 안전요구

니즈		세부내용
대분류	소분류	
국가 안보와 통일	자주국방 역량확보	· 자주국방 역량강화 · 독자적인 국가정보 획득 수단의 확보
	남북화해와 통일에 대한 대응	· 통일준비 · 남북교류의 활성화
	식량/에너지의 안정적 확보	· 에너지의 안정적인 수급확보 · 식량의 안정적인 수급확보
에너지/ 자원의 확보	깨끗한 에너지의 효과적인 활용	· 수자원의 확보 · 새로운 자원의 개발과 확보 · 우주개발의 기틀마련
	수자원관리 및 신 자원의 확보	· 국토의 효율적이고 균형적인 개발 · 행정수도 이전에 대한 대응
	국토의 효율적인 활용	· 국토의 효율적이고 균형적인 개발
지속적인 경제성장	경제시스템 개선	· 금융거래 투명성 확보 · 기업경영 투명성 및 기업지배구조 개선 · 공공부문의 효율성 제고 · 노동시장의 유연성 제고
	노동력의 확보 및 생산성 향상	· 과학기술인력의 양성 및 확보 · 노동력의 확보 · 고령 인력/여성 인력의 활용 확대
재해의 예방 및 복구	효과적인 방재체계구축	· 자연재해 예측능력의 개선 · 각종 구조물의 안전성 확보 · 재난/재해 예방체계 수립 · 효과적인 재난/재해 대응 및 복구체계 확립
	산업안전확보	· 산업재해의 방지 · 작업환경의 개선
사회통합	갈등해소	· 사회갈등해소 · 부패문제 해결 · 빈부격차의 해소 · 차별 해소
	지역의 균형적인 발전	· 자립적인 지역발전 · 지방대학의 육성

■ 글로벌 차원에서 요구되는 안전의 내용
  - 세계 차원에서 요구되는 안전의 내용은 세계평가 및 안보, 인류번영 등이 해당됨
    (한국적인 입장)

세계 차원의 안전요구

니즈		세부내용
대분류	소분류	
세계평화 및 안보	전쟁 및 테러	• 북핵 문제 해결 • 핵에너지 감시 및 규제 • 테러리즘에 대한 국제적 규약 준수 • 대량살상무기 감시 및 규제
	국제범죄의 근절	• 국제적 범죄 조직 감시 및 규제 • 국제범죄자에 대한 수사공조 체계 확립
인류번영	국제사회 질서변화에 대응	• 지속 가능한 발전 • 환경친화적인 산업구조 및 소비구조 • 국제환경협약 대응체계 구축 • 오염에 관한 국가간의 협력 • 후진국가에 대한 환경기술/자금의 지원 • 지구 생물다양성 보존지원 • 글로벌 스탠더드에 맞는 정책(경제)시스템 구축
	국제보건 및 저개발국 지원	• AI, 광우병, SARS 등 새로운 위험원에 대한 대응 • 저개발국에 대한 의료, 보건 지원 • 국제적인 기아/빈곤 퇴치에 대한 대응

Memo.

2.5.3 미국의 위기관리 체제

■ **미국의 위기관리 체제**
  - 2011년 9·11테러 이후 강력한 테러대책을 구축하기 위하여 2002년 11월 국토안전
    보장법의 제정과 함께 2003년 1월에 국토안정보장성(Department of Homeland Security)
    신설
  - 국토안전보장성에는 8개 성·청의 22개 정부기관 부문이 이전 및 통합됨
  - 미국은 최첨단 장비 개발에 의해서 각종 위기관리에 신속하게 대처하는 위기관리
    선진국으로 정평이 나 있음
  - 특히 화재나 해상조난, 산악구조, 풍수해 등에서 괄목할 만한 위기관리 시스템을
    보여주고 있음
  - 연방재난관리청인 FEMA(Federal Emergency Management Agency)는 국토안전보장
    성에 편입되어 독립된 청으로 역할을 수행하고 있음

■ **미국국토의 위기관리를 총괄 통제하는 국토안정보장성(DHS)**
  - 2003년 신설된 연방정부의 성·청인 국토안정보장성은 예산규모만 20억 달러 수준임
  - 주된 활동 분야는 첩보수집 및 경보(intelligence & warning), 국경 및 수송체계 보
    호(border & transportation security), 국내 반테러 대책(domestic counter-terrorism),
    핵심 기반시설 및 국가 주요자산 보호(protecting critical infrastructure & key assets),
    재앙적 테러리즘 방어(defending against catastrophic terrorism), 비상사태 준비 및
    대응(emergency preparedness & response)임
  - DHS는 장관 밑에 부장관을 두고 있으며, 총 4개의 본부에 차관급을 본부장으로 업
    무를 분담하고 있고, 이를 지원하는 관리본부가 있어 총 5개의 본부와 차관으로 조
    직되어 있음

美 국토안정보장성(DHS)의 조직과 역할

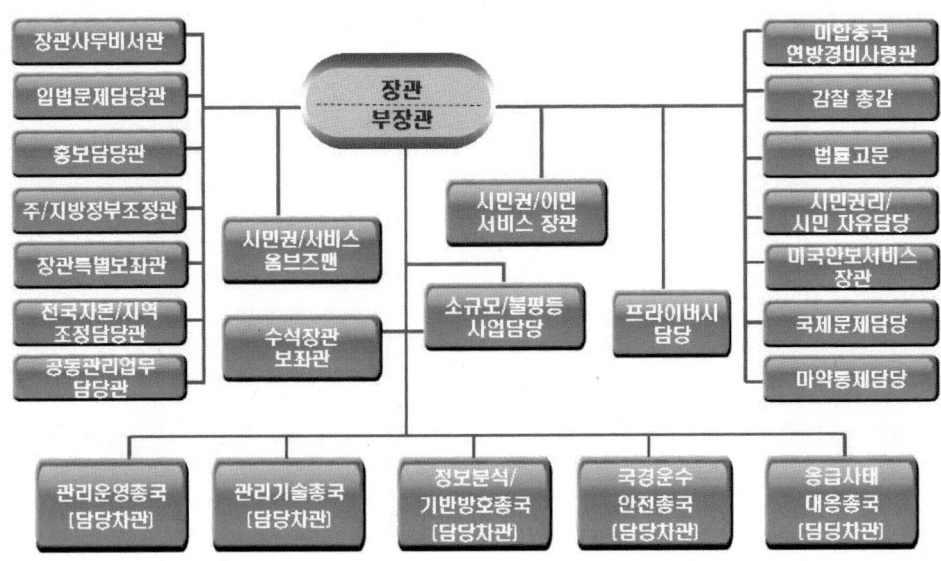

Memo.

2.5.4 미국 위기관리의 교훈(새로운 위기관리 인식을 가져온 9 · 11테러)

■ **사건 개요 및 피해**
 - 세계무역센터, 워싱턴 DC, 국방성 청사에 대한 비행기 테러
 - 총 인명피해: 사망자 총 5,515명(비행기탑승자 221명, 소방 / 경찰관 350명, 펜타곤 125명, 무역센터 4,819명), 부상자 3,201명
 - 재산피해: 추정하기 어려움(뉴욕시 자체적으로 400억 달러로 추정)

■ **단기적 · 중장기적인 피해양상**
 - 단기적 피해: 대규모 사상자 발생, 통신 · 전신시스템 붕괴로 정보의 단절, 화재 및 연기발생으로 인한 패닉현상, 중요 데이터 망실 등
 - 중장기적 피해: WTC 빌딩기능 파괴, 각종 기업 활동 정지, 실업자 발생, 주변지역으로의 영향력 파급, 지역경제의 쇠퇴 등

■ **9 · 11의 위기관리 문제점(예방 / 대비 · 대응 측면)**
 - 예방측면: ① 연방기관과 지방정부 간의 응집활동 가능한 기능적인 테러전략 및 대비계획 미흡, ② 테러의 첩보, 대응 등을 대처할 수 있는 테러실무조직이 산발적이고, 협조체계 및 책임조직 불명확, ③ 테러리즘에 대한 의회 관심이 특히 부족
 - 대비 · 대응 측면: ① 현장 재난대응요원의 테러정보 및 재난규모 파악의 오류, ② 9 · 11 단일신고체제의 문제점. 즉, 사망자, 실종자 및 가족안부에 대한 문의창구 안내와 홍보가 미흡하였고, 각 국가별 안내체계의 미 구축으로 인해 혼선을 빚음. ③ 테러 현장과의 연계성 미확보. 이는 뉴욕 주와 지방정부의 테러대응능력의 미흡함을 보여주는 사례임

국가적 위기관리 실패의 교훈: 美 9·11테러

Memo.

2.5.5 영국의 위기관리 체제

■ 영국의 위기관리 시스템의 특징
- 영국의 위기관리 시스템은 지방정부에 권한과 책임을 부여하는 분권적인 구조를 이루고 있음
- 위기관리 측면에서 영국의 관련 기관들은 놀라울 정도로 신속한 대응력을 갖고 있고, 기업들도 숙달된 대응시스템을 보유하고 있다는 평가를 받고 있음
- 위기관리계획 수립 및 사고 대응에 있어서 의사결정권자는 지방정부이며, 이러한 분권적인 구조는 위기 대응의 신속성과 현장성을 제고하는 데 큰 기여를 하고 있음
- 위기관리계획은 중앙정부의 가이드라인에 따라 지역별로 위기극복포럼(RRF: Regional Resilience Forum)에서 수립함
- 위기극복 포럼은 영국의 지방정부와 군, 언론, 기업, 시민단체 등이 참가하여 위험이 될 요인을 분석하고 위기관리계획을 수립하는 민관 합동 조직이라고 할 수 있음
- 각 지역의 특성에 대한 구체적인 정보 교환을 통해서 계획의 현실성을 높였음

■ 사고대책본부의 역할을 수행하는 SCG(Strategic Coordinating Group)
- SCG는 사고 대응과 관련된 지역 내의 정부 부처, 군, 경찰, 소방대, 병원, 민간 지역 위원회 등으로 구성되는 일종의 사고대책본부라고 할 수 있음
- 런던의 지하철 테러 시에는 부문별 책임자로 구성된 골드 조정 그룹(GCG: Gold Coordinating Group)이 지도부의 역할을 수행함
- 사고 발생 시 중앙정부에서도 관련 공무원들이 지역에 파견되지만, 지역 책임자의 지휘와 통제를 받음

영국의 위기관리 기관의 대응 흐름과 조직도

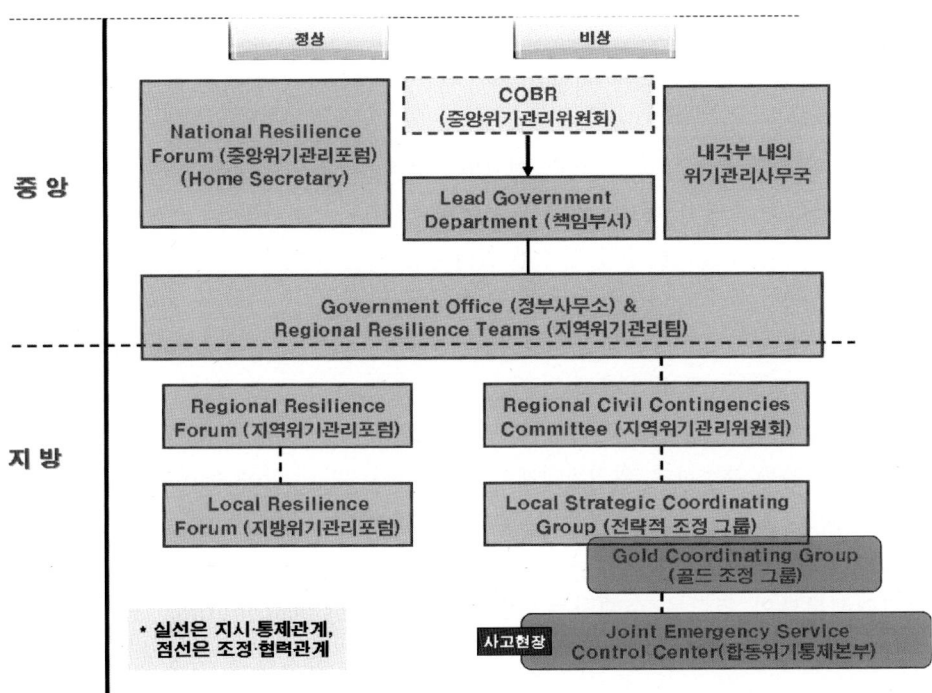

Memo.

2.5.6 영국 위기관리의 교훈(런던 지하철 테러 사건)

■ **사건 개요 및 피해**
- 2005년 7월 7일 영국 런던 중심부의 지하철과 버스에서 일어난 동시다발 자살 테러 사건
- 이 사건으로 56명이 죽고, 700여 명이 부상함. 사건이 보도되자 세계 언론은 이 사건을 테러로 규정하고, 알카에다로 자칭하는 비밀조직은 웹사이트를 통해 자신들의 소행이라고 밝힌 바 있음

■ **신속한 대응과 현장성을 확보하여 위기관리의 모범사례로 평가**
- 대형 재난으로 확대될 수 있었던 지하철 테러를 기민하게 대응하여 피해를 최소화
- 잦은 테러에 대비한 대응 등 장기간에 걸친 경험이 위기관리의 노하우를 축적하는 계기로 작용함
- 특히 지역별 위기대응조직인 SCG가 조정역할을 담당해 기관 간 신뢰 및 관계형성을 치밀하게 수행하였음
- 영국 정부는 사후 수습에도 만전을 기하였음. 예컨대, 사고 피해자의 신원 파악을 실시하기 위한 피해자 사무국과 부상자 관리센터, 부상자의 가족과 친지를 위한 사무실, 피해자 가족과 경찰과의 핫라인 등을 설치함
- 테러 생존자들은 '인도적 지원 지침(Humanitarian Assistance Guidance)'에 따라 장기적인 후유증 관리와 지원을 받음
- 관련 기관들로 구성된 런던 7·7지원단(7th July Assistance) 및 유가족지원센터(Family Assistance Center) 등을 설치하여 지원함

■ 언론과의 협력으로 대국민 커뮤니케이션에서도 소기의 성과 달성
  - 영국에서는 피해의 확산을 막기 위한 정보제공 등 위기관리 시스템의 중요한 축으로서 언론이 기능함
  - 영국의 공영방송 BBC는 위기 발생 시 정부·시민과 언론과의 협조관계 구축방안을 담은 '위기 시 협력 방안(Connecting in a Crisis)'을 제안함
  - 런던 테러사건에서도 사고현장에서는 언론사무소, 정부의 언론 담당관 등이 지정되었고 취재 대응 조처 역시 정보공개의 형평성과 뉴스네트워크(GNN)라는 기조하에 신속하게 처리되었음

영국 정부의 對 언론 대응기관 구성도

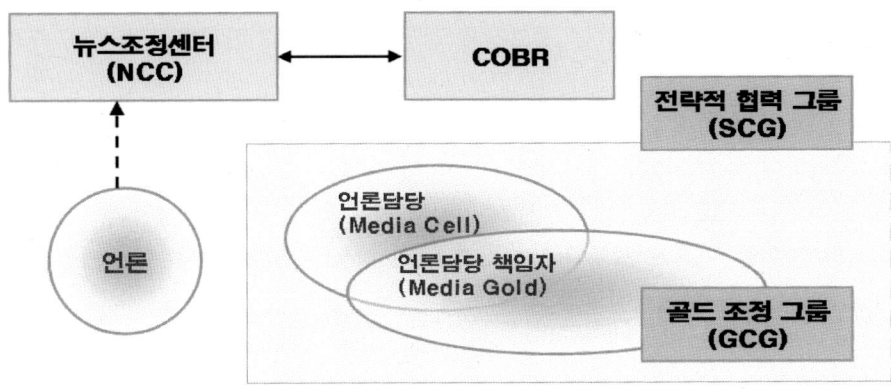

Memo.

2.5.7 일본의 위기관리 체제

■ **재난과 재해 다발국 일본**
- 일본은 재난의 표본국이라 할 정도로 세계에서 재난이 가장 많이 일어나는 재난·재해 다발국임
- 대규모 지진, 태풍, 화산, 호우, 폭설, 방사능 유출 등의 다양한 자연적·인위적 재해가 매해 일어나 막대한 인명 피해와 재산손실을 가져오고 있음

■ **일본의 위기관리 체제**
- 일본의 경우 2001년 1월부터 중앙부처가 통합됨에 따라 방제체제도 대폭 개편되어 새로운 체재가 출범하면서 그동안 국가 위기관리를 관리하던 국토청방재국이 이전보다 훨씬 더 폭넓고 강력한 통합적인 조정권을 발휘하게 하였음
- 정부기구 중에서 위기관리 기능과 위기관리에 대한 기본방침을 기획·입안하는 기구는 바로 중앙방재위원회임
- 중앙방재위원회의 임무는 ① 방재기본계획 및 지진방재계획의 작성 및 그의 실시와 추천, ② 비상재해발생 시 긴급조치에 관한 계획 작성 및 그의 실시와 추천, ③ 내각총리대신·방재담당대신의 자문에 응해 방재에 관한 중요 사항을 심의, ④ 방재에 관한 중요 사항에 관해서 내각총리대신 및 방재담당대신에 의견을 요청하는 것임
- 일본은 또한 국제적인 방재협력체제도 잘 갖추고 있음. 방재에 관한 국제연합활동은 응급원조, 재해예방, 연구개발의 3분야로 나누어서 활동 중
- 재난대응체제 간의 연계, 즉 재해전달 정보시스템도 세계적인 수준에 있음. 주민에게 재해정보를 전달하는 루트도 2가지로 구분되어 있음(국가, 도도부현 등을 통한 행정루트와 TV와 라디오 등을 통한 방송루트로 이원화)
- 재난주관 방송사로 지정된 NHK는 '재해보도매뉴얼'에 따라 재해정보 전파의 역할 분담, 전달시간 단축을 위한 기술구축, 헬리콥터 취재의 개선 등을 통해 신속한 정보전달을 위해 노력하고 있음

일본의 재해활동에 있어서 중요한 정보의 흐름도

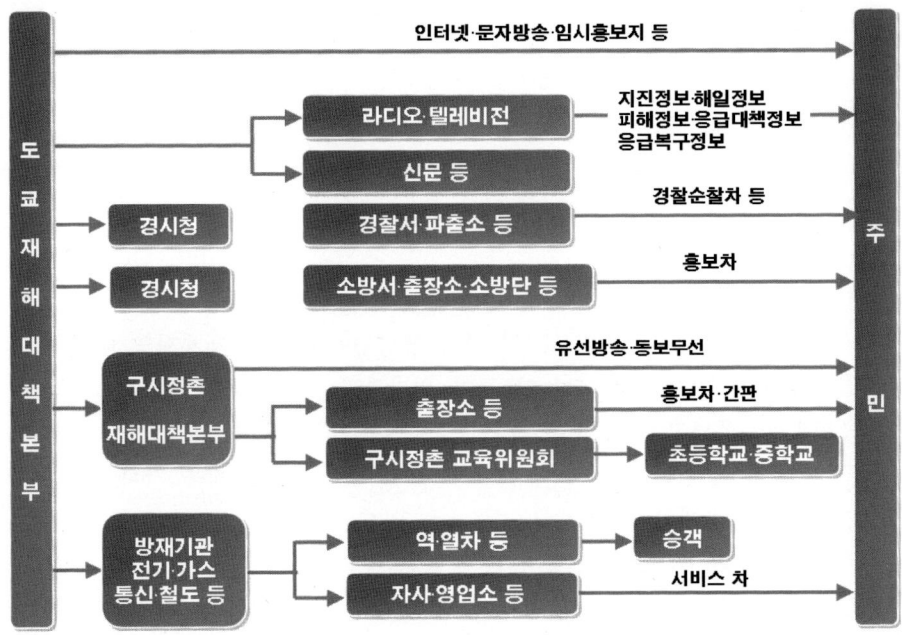

Memo.

2.5.8 일본 위기관리의 교훈(한신대지진 사례를 통해 본 NHK의 역할)

■ **한신대지진 사건 개요 및 피해**
- 1995년 1월 17일 오전 5시에 발생한 한신대지진은 1923년의 관동대지진에 필적한 만한 강력한 지진으로 기록됨
- 한신 대지진으로 인해 사망 6,279명, 부상자가 3만 4,900여 명, 주택 붕괴가 119만 여 동에 이를 정도로 큰 피해를 결과했음

■ **한신 대지진 발생에 대한 NHK의 대응**
- NHK의 경우 민간방송과는 달라시 계열별 네트워크가 이니리 전국적으로 단일한 네트워크를 형성하고 있어서 속보성이나 커버리지 면에서 타 방송국보다 훨씬 강력한 파급력을 가진 매체이며 이러한 특성은 한신대지진 사태에서 효과를 발휘함
- NHK는 지진 발생 불과 3분 후인 오전 5시 49분에 최초 방송을 개시함. 전국 종합방송으로 아나운서가 방송을 개시한 것은 12시간 정도 경과한 5시경이었음
- 당시 NHK의 초동 단계에서 보도는 4단계로 구분되었는데, ① 재해와 피해 정보, ② 안부 정보, ③ 생활 정보, ④ 복구 정보의 순이었음
- 다양한 종합정보를 제공하였음. 불과 2달여 만에 취재한 영상을 다각적으로 편집하여 정리한 종합프로그램을 17개나 제작함
- 라디오에서는 정규 방송을 중단하고 피난장소의 상황이나 생활정보를 전달하였으며, 오사카 가스 주식회사·간사이 전력주식회사·NTT(일본전신전화주식회사)·시청·수도국·슈퍼마켓 등과 연결하여 식량이나 물 공급 등의 정보를 제공함
- 피재자(被災者)들의 정보생활을 돕기 위해 고베시청에 임시 방송센터 개설. 방송센터에서는 의료·교통·구조생활·쓰레기 처리·화장실·목욕시설 등의 갖가지 생활정보를 제공함

NHK가 관할하는 10개 전파에 대한 역할 분담

전파채널	역할
NHK종합TV	긴급보도, 재해관련 뉴스·프로그램을 중심으로 기간정보 방송
교육방송	안부정보 전용방송, 재해관련 생활정보, 청력장애자를 위한 방송
위성 제1TV	내외 종합정보 방송, 위성방송의 특성을 살린 뉴스 프로그램
위성 제2TV	난시청 해소채널, 종합방송
하이비전TV	종합 기간정보를 고화질 영상으로 살린 방송
라디오 제1방송	라디오 기간방송, 긴급정보, 재해관련 뉴스
라디오 제2방송	외국인을 위한 방송, 시청각 장애자를 위한 재해관련 정보 등
FM방송	안부정보 전용방송, 재해관련 생활정보 등
국제방송	해외를 향한 재해정보 방송, 22개국 언어로 방송
데이터방송, 인터넷, 문자방송	뉴스, 안부정보, 재해관련 생활정보 등을 방송

Memo.

2.6. 사이버 위기관리 (e-risk management)

2.6.1 온라인 미디어 환경의 변화와 새로운 위기 등장

■ **새로운 온라인 미디어 환경의 등장**
- 전문가에서 다수 청중으로 이어지는 전통적인 피라미드 모델에서 양방향 구조의 새로운 모델로 변화되고 있음
- 이러한 양방향 구조에는 소비자, 미디어, 직원, 전문가, 투자자, 정부, NGO, 업계 등이 모두 해당됨
- 기존의 전통적인 매체(TV, 신문, 라디오)의 이용시간은 하락하고, 인터넷 등의 뉴미디어의 이용시간은 증가하고 있는 추세임
- 사람들이 의견, 경험, 견해를 공유하기 위해 사용하는 소셜 미디어(Social media)가 일반화됨
    * 소셜 미디어의 사례: 온라인 백과사전 위키피디아(Wikipedia), 소셜 네트워킹 사이트 마이스페이스(Myspace), 비디오 공유사이트 유튜브(YouTube), 버추얼 리얼리티 월드 세컨드라이프(Second life) 등

■ **위기상황에서 강력한 영향력을 발휘하는 블로거들**
- 소비자 생산 미디어가 급증하면서 블로거들의 영향력이 거세어지고 있음
- 최근의 젊은 세대들은 기존의 올드 미디어보다는 뉴미디어의 정보를 더욱 신뢰하는 경향이 있음
- 블로거들은 정부나 기업의 위기와 이슈에 대한 조기경보의 역할을 하기도 함
- 많은 뉴스 스토리들을 제공하는 소스(Source)의 역할도 수행함

- 인터넷 공간을 통한 e-risk 전파과정과 위기확산을 막기 위한 사전예방
  - 인터넷의 위기확산 메커니즘은 '경험→불만→동조→세력화→전파/확산'의 단계를 거치게 됨
  - 위기확산 메커니즘을 사전에 파악하고 대비하는 사전예방의 원칙(예컨대, 바이러스 감염을 막기 위한 백신접종)이 필요함, 이에는 게시판, 홈페이지, 기사 검색 등을 통한 위기의 증폭 사전차단이 포함됨

위기확산의 메커니즘과 e-risk 확산을 막는 사전예방 프로세스

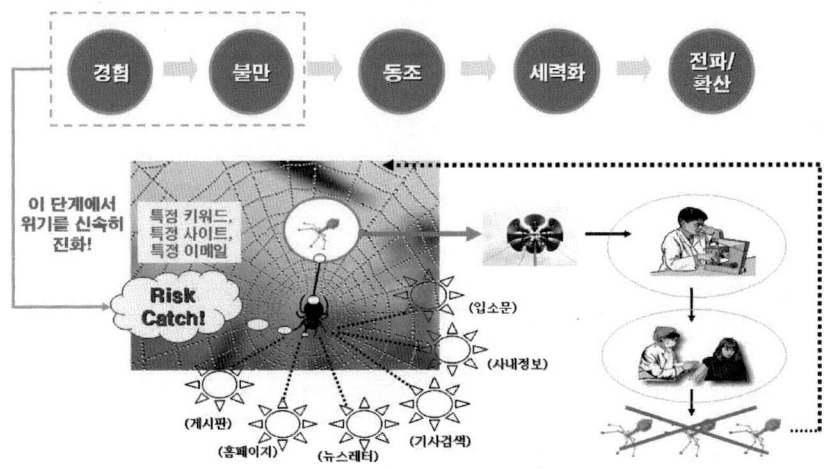

Memo.

2.6.2 온라인 위기관리 Step flow 1. 사전준비단계

■ **모니터를 통해 위기이슈 진단**

① 위기로 발전할 수 있는 이슈를 사전에 규명
- 워크숍이나 포커스그룹인터뷰(FGI)를 통해 잠재적인 위기이슈가 무엇인지 파악
- 이슈별 리스트를 작성하고 이슈 인덱스를 준비

② 온라인 위기 대응팀 조직
- 소비자(사용자)의 불평과 불만을 신속하게 처리할 수 있는 대응팀 조직
- 최고 경영진의 지원 필요
- 오프라인 전략과 연계하여 진행

③ 온라인 피드백 링크의 구축
- 불평과 불만 그리고 다양한 의견을 쏟아낼 수 있는 창구를 구축해야 함
- 이러한 장소가 없다면 사람들은 인터넷상의 불특정 다수에게 도움을 요청하고 이것이 부정적으로 증폭되면 사소한 위기가 기업의 존립을 위협할 수도 있음

④ 자사 관련 소셜 미디어 확인
- 포털이나 언론뿐만 아니라 블로그나 자사 제품의 사용자들이 자주 찾는 동호회와 인터넷 포털을 지속적으로 모니터링
- 이 외에도 주요 동영상 사이트(UCC사이트)와 사진 업데이트 사이트를 확인하고 현재 공유되는 콘텐츠의 특성을 진단해야 함

⑤ 자사 이슈 관련 키워드를 지속적으로 리스트 업할 것
- 관련 키워드 검색을 통해 자사의 보도자료, 동영상 발표, 비즈니스 블로그 등에 방문하여 쉽게 기업의 입장을 숙지할 수 있도록 포털사이트 검색 결과 최적화 방안 모색

⑥ 온라인 모니터링 시스템을 상시 가동

2.6.3 온라인 위기관리 Step flow 2. 이슈분석단계

■ 모니터링을 통한 자료의 면밀한 분석

① 온라인상의 불평 글(악의적인 글)에 대한 확인

- 주요한 의견개진 자들의 글과 관찰자들의 댓글 사이에 어떠한 컨센서스(consensus)가 이루어지고 있는지 지속적으로 확인

- 사실에 근거한 것인지 단순 불만인지에 대한 면밀한 조사

② 책임의 수용 여부에 따라 온라인 대응 방향 결정

- 기업의 입장이 아니라 네티즌이라는 제3자의 입장에서 관찰하고 이에 따라 온라인 대응 방향을 결정

- 불평 글들의 상황 변수들에 따라 전략 선택은 계속 조정되어야 함

이슈 대응의 4가지 툴

전략명	세부내용
수용전략	책임을 전적으로 받아들이고 사과, 시정조치, 보상 등을 약속
방어전략	책임을 인정하지 않고 불평자를 적극적으로 공격하여 그 책임을 제3자로 돌리는 것
중립전략	책임여부에 대한 판단이 모호한 상태에서 책임 소재에 대한 판단에 관계없이 기업이 소비자의 불만에 기본적인 관심만 표명하거나 단순한 설명을 하는 것
무대응 전략	인터넷 상에서 아무런 응답을 하지 않는 것

③ 온라인 대응 메시지의 실제적인 작성

- 기본적인 메시지는 불평자의 불평내용을 확인하고 소비자에 대한 감정이입적인 표현을 주로 담음

- 전략 메시지에서는 책임 수용여부에 따라 이에 대한 구체적인 메시지를 명시

- 보조 메시지에서는 수용전략의 경우에는 사실 설명과 기업의 과거에 잘했던 점 등 현재의 문제점을 다소 희석할 수 있는 내용을 담음. 불가피한 사고 발생의 당위성 등도 첨가

■ 모니터링을 통한 자료의 면밀한 분석(계속)

④ 직원들이 섣부르게 대응하지 않도록 교육

- 기업 차원의 단일 입장을 정리하고 직원들이 이에 따라 행동하도록 교육
- 인터넷상의 여론을 다룰 때 조심해야 할 점은 섣부른 대응을 최대한 자제하는 것
- 직원들의 감정적인 댓글이나 짜증 섞인 응대는 상황을 더욱 복잡하게 만들고 악화시키는 기폭제가 될 수 있음을 숙지
- 최근에는 기술진보로 IP추적이 더욱 쉽고 간편하므로, 어느 집단이 속해 있는 사람이 글을 올렸는지는 쉽게 확인할 수 있음
- 자사 직원들을 동원해 소비자인 양 긍정적인 댓글을 올리는 것을 자살행위나 다름이 없음. 이러한 경우 여론을 조작하려 한다는 비난과 함께 자칫하면 의혹을 받고 있는 부분이 한 순간에 사실로 굳어질 수도 있음

부적절한 온라인 대응메시지와 적절한 온라인 대응메시지 전략

	A사 (부절적한 메시지 대응)	B사 (적절한 메시지 대응)
메시지 비교	네티즌들의 감정에 호소하는 메시지, 구구절절 네티즌들이 별로 궁금하지 않는 사항으로 일관된 메시지를 제공	네티즌들이 쉽고 논리적으로 이해 할 수 있는 논리적인 메시지를 제공, 핵심 메시지는 따로 분류하여 볼드 처리나 강조하여 쉽게 확인 할 수 있도록 함
메시지 발표	웹사이트의 게시판 관리자가 모든 메시지 내용을 발표	대표이사(혹은 CEO)가 직접 메시지를 발표하는 형식을 취함
기타 사항	많은 정보를 제공한다는 전략 아래 한꺼번에 많은 팝업 창을 제공 (사용자들의 짜증을 유발)	대부분 웹 페이지의 하위 항목 하에서 콘텐츠와 메시지를 제공함

Memo.

2.6.4 온라인 위기관리 Step flow 3. 실제 대응단계

■ **홈페이지와 온라인 매체를 활용한 전략적 대응**

① 자사의 홈페이지와 인트라넷 사이트를 적극적으로 활용

- 온라인 위기 대응 시 자사의 홈페이지를 적극적으로 활용해야 하며, 홈페이지에서 제공하는 위기대응 정보는 찾기 쉬워야 함

- 위기 상황에 대한 새로운 정보를 작성하여 외부와 동시에 혹은 외부 이해관계자들 보다 더욱 빨리 관련된 정보를 제공

② 온라인 PR활동을 전개

- 자사가 바라보는 위기 진단 상황, 경영진의 공식적인 입장 및 대응 방향 등을 기자 와 일반대중에게 지속적으로 제공하는 정보활동을 전개

- 위기 대응에 대해 심각한 비난이 발생할 경우 이를 잠재울 수 있는 대비되는 사항 을 전달하도록 노력

③ 마이크로(Micro)사이트나 숨겨진 다크(Dark)사이트의 운용과 구축

- 마이크로 사이트는 기업 위기 상황에 대한 정보를 얻고자 하는 방문자들에게 관련 된 정보를 제공하기 위한 사이트로 실제 위기상황에서는 주 사이트와 병행하여 운용

- 위기상황에서 주 사이트에 대한 접속초과로 문제가 발생할 경우 내부 인원들이 커 뮤니케이션을 할 수 있는 다크 사이트도 운용해야 함

④ 비디오 영상물의 제작 / 자사의 모든 온라인 리소스 활용

- 텍스트 메시지 외에도 경영진의 목소리와 재발방지를 위한 약속 등이 담긴 영상을 제작하여 비디오 뉴스 릴리즈(VNR) 형식으로 콘텐츠 배포

- 관련 동영상들은 자사 홈페이지, 온라인 미디어, 동영상 공유사이트 등에 배포

- 자사의 메일링 리스트 확보, 위기관리를 위한 자사의 노력 전달 등 자사의 동원 가 능한 온라인 리소스를 모두 활용

위기관리에 신속하게 대처할 수 있는 다크사이트의 구축

위기 상황이 터지게 되면 기존의 일반 홈페이지의 내용을 대체할 수 있도록 비밀 서버에 연결되어 있어야 하며 긴급상황에서 주 사이트(primary site)가 다운될 것을 대비해 그 내용을 CD로 백업시켜 놓아야 함

평소 실제 발생할 수 있는 이슈들은 사전대응 차원에서 분석해 그와 관련한 각각의 주요 이해관계자들이 필요로 하는 정보들을 미리 예상해서 준비해두어야 함.
이는 위기가 발생하면 이미 마련된 정보 안에 실제수치만 채워 놓아 외부에 공개하기 위함

Memo.

2.6.5 온라인 위기관리 Step flow 4. 사후관리 단계

■ 위기종결을 단정 짓지 않는 지속적인 사후관리
 ① 지속적인 온라인커뮤니케이션 전개
 - 내부적으로 위기가 종결되었다고 판단되어도 이를 온라인상에서 공표하는 행위는 지양해야 함
 - 보도자료(가능한 자체 제작한 영상을 포함) 제공을 통해 현재의 상황에 대한 기업의 노력을 지속적으로 업데이트
 - 기업이 제공한 솔루션으로 긍정적인 영향을 받은 사람들과 자사의 핵심 멤버들에 대한 스토리를 포함시키고 재발방지를 위한 기업의 노력 및 장기적인 차원에서의 사회적 책임 노력 등의 메시지(기업의 특별 사회원원 계획 소개)도 포함시켜야 함
 - 무엇보다도 기업의 인간적인 면모를 부각시켜야 함
 ② 자사의 기업 명성 및 제품 브랜딩 현황 파악
 - 위기 상황을 겪은 기업은 명성 및 제품 브랜딩에 치명적인 타격을 받게 됨
 - 따라서 위기상황의 처리 후에는 반드시 변화된 소비자 인식을 바로잡을 수 있는 커뮤니케이션적인 노력이 요구됨
 - 현재 소비자들이 자사에 대한 인식조사 수행, 이어서 이를 극복하기 위한 커뮤니케이션 프로그램 및 캠페인을 진행해야 함
 ③ 자사의 긍정적인 콘텐츠를 최적화
 - 오프라인 기반의 4대 매체와는 달리 온라인 뉴스 스토리는 지속적으로 검색엔진에 노출됨
 - 자사의 위기와 관련된 온라인 뉴스, 블로그 포스트의 노출을 약화시키고 자사의 노력 및 변화된 모습과 관련한 콘텐츠가 보다 검색에 많이 노출되는 방안을 고민
 - 이 외에도 기업 홈페이지, 마이크로사이트, 블로그, 팟 캐스트 등의 콘텐츠를 최적화하여 위기 연관 키워드에 대한 토픽을 장악

■ 블로그 네트워크를 통한 위기상황 사례
- 2004년 9월 블로그 운영자 한 명이 미국 자물쇠 업체인 Kryptonite社의 Evolution 2000 U-Lock 자물쇠를 볼펜 끝으로 여는 방법을 시연한 동영상을 블로그에 올림
- 이렇게 게시된 동영상은 곧 다른 블로그로 급속히 확산되었고, 10일 만에 이 내용이 약 1,800만 명에게 노출되고 언론에까지 보도되었음. 그러나 이에 대한 위기관리 커뮤니케이션은 전혀 이루어지지 않음
- 이 일로 인해 Kryptonite社는 자물쇠 리콜에 연간 이익의 절반 가까운 약 1,000만 달러의 비용을 부담하게 되었고 매출도 급락하며 이미지에 치명적인 타격을 받음

블로그에 대한 이해가 없어 치명적인 타격을 받은 Kryptonite社

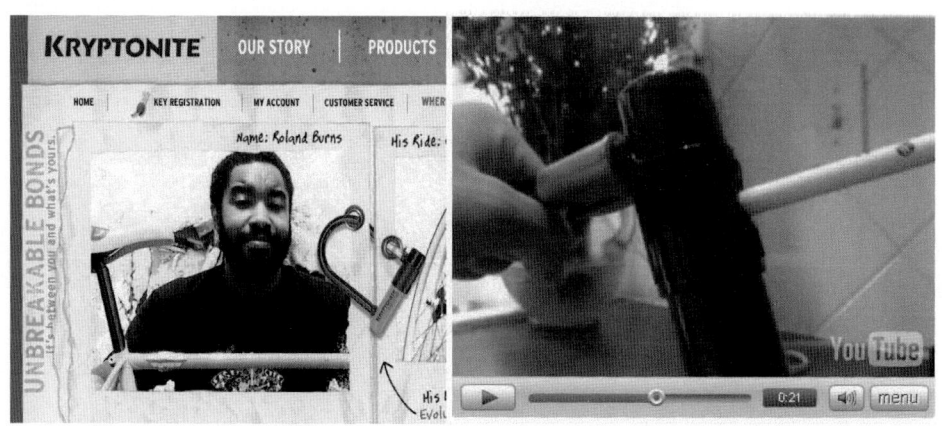

Memo.

3부

위기관리 커뮤니케이션 전략 및 실행

3.1.1 위기관리 커뮤니케이션의 기본프로세스, SMCRE 모델

■ SMCRE 모델
 - 커뮤니케이션의 기본 모델인 SMCRE 모델은 송신자(Sender), 메시지(Message), 채널(Channel), 수신자(Receiver), 효과(Effect)의 커뮤니케이션 제 과정을 포함함
 - 첫째 요소는 송신자(Sender)는 일반적으로 정보 전달자, 정보원을 일컫는 요소로, 설득 커뮤니케이션의 원천이며, 전달자에 의하여 메시지는 통제됨
 - 둘째 요소는 메시지(Message)임. 송신자가 전하고자 하는 바로써, 커뮤니케이터가 만들어 내는 의사표현 자체를 의미. 우리가 흔히 내용이라고 부를 수 있는 것으로, 여기에는 언어적인 메시지뿐만 아니라 비언어적인 메시지(옷차림, 제스처 등)도 포함됨
 - 셋째 요소는 채널(Channel)임. 흔히 메시지를 담아서 전송하는 수단으로 정의되며, TV프로그램의 경우에는 그것을 전달하는 '전파'를 의미함. 메시지를 생산, 저장, 보관, 전송, 재생하는 데 관계된 총체적 수단, 한시대의 커뮤니케이션 기술 수준, 보다 근본적으로 의사소통활동이 이루어지는 물질적 토대를 의미
 - 넷째 요소는 수신자(Receiver)임. 송신자의 메시지를 받는 역할을 하는 사람으로서, '수동적인 수용자'에서 '능동적 수용자'로 변화되고 있음
 - 다섯째 요소는 효과(Effect)임. 송신자의 메시지를 통해 수신자로부터 얻은 여러 반응들 가운데 미리 얻고자 의도했던 반응효과의 다양한 유형들을 의미
 ※ 이러한 모델이 리스크 커뮤니케이션 상황에도 그대로 적용됨

위기관리 커뮤니케이션의 기본모델

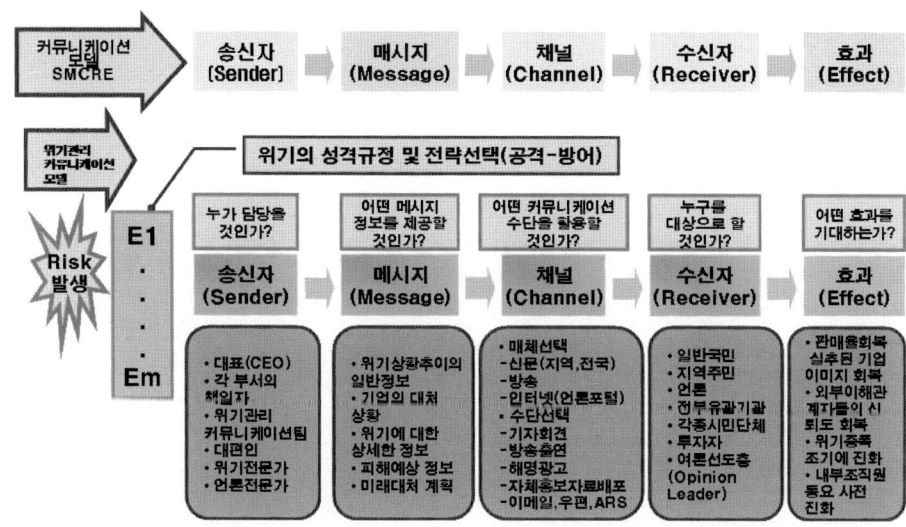

3.1.2 위기관리 커뮤니케이션 전략의 선택

■ 대상에 따른 전략의 선택
  - 위기관리의 대상에 따라 실행할 수 있는 전략이 다름
  - 크게 위기관리 커뮤니케이션의 전략 대상은 외부이해관계자와 언론으로 분류할 수 있으며, 이에 따라 커뮤니케이션의 목표와 수단이 달라짐

	대 상	목 표	수 단
외부 이해관계자	고객(소비자) 정부유관기관 시민단체 지역주민	기업이미지 제고 신뢰성 유지 리스크 관리 및 효율 사회적 책임	언론홍보, 홈페이지 우편, 이메일 핫라인, ARS 캠페인, 가두홍보, 사회참여
언론	방송사 (전국, 지역) 신문사 (중앙, 지방) 인터넷 (포털, 인터넷신문 등)	부정적 보도 방지 우호적 여론 조성	광고(PR) 기자회견, 인터뷰 Press Release

위기관리 대상에 대한 전략 체크 리스트 예시(기업의 사례)

	전화	이메일	우편	게시판	개인 방문	보도자료 인터뷰	회의	광고	캠페인
직원				팀장					
경영진							팀장		
고객			박 대리						
정부기관	고 과장								
지역주민					이 과장		이 과장		
일간지	박 부장								고 부장
방송사						위기관리팀장		팀장	
인터넷						김 대리			
주주		팀장							
오피니언 리더	팀장				박 부장				
일반국민									팀장

■ 위기상황에 따른 전략의 선택
  - 과실: 외부적이고 비의도적, 조직에 미치는 피해가 적은 편이지만 조직의 사회적 책임을 무시할 수는 없기 때문에 조직과 위기사이의 거리를 두는 '거리두기 전략'이 유리
  - 테러: 의도적이고 외부에서 발생한 통제하기 힘든 위기, 뜻하지 않게 외부자나 외부 단체에 의해 위기를 당한 기업도 또 한 명의 희생자라는 점을 강조하여 현재의 고통받고 있는 상황을 묘사하여 공중의 동정심에 호소하는 '고통호소 전략'이 적절
  - 사고: 통제에 어려움이 있으며 불안정, 위기의 원인과 조직 간의 연결을 약하게 해주는 변명 전략인 '거리두기 전략'이 효과적
  - 범죄: 통제가능하고 의도적, 공중에게 위기에 대한 책임을 솔직하게 인정하고 공중의 분노를 가라앉히기 위해 조직의 실수에 대한 사과와 용서를 구하여 책임을 부인하지 않으면서 위기의 수습에 최선을 다하는 전략을 실행

Memo.

3.1.3 위기관리 커뮤니케이션 실행을 위한 기본 체계의 구축

■ **위기관리 커뮤니케이션 진행을 위한 주요 항목들**
 - 위기관리 커뮤니케이션을 원활하게 진행하기 위해서는 조직의 기본적인 위기관리 구조가 시스템화되어야 함
 - 각 항목에 따라 세부내용이 명시되면 이에 따라 대응 커뮤니케이션 전략을 선택할 수 있음

항 목	세부 내용	비 고
목적 및 목표	위기의 특성에 맞는 전략적 위기관리 목적과 목표를 기술	
적용 범위	위기관리계획이 적용되는 범위를 기술	위기의 종류, 국내외 어느 수준까지 적용해야 하는지를 정의
위험 및 영향도	위협 또는 위기를 정의하고 이에 따르는 영향 정도를 기술	영향도: 운영, 재무
조직 구성 및 역할	조직: 필요한 조직도 및 구성 요원을 정의 역할: 조직별 책임 및 역할, 임무 정의	위기관리(커뮤니케이션)센터, 재해복구센터
필요 자원	역할 수행에 필요한 필요 자원 정의	
가동 기준	각 조직에 적합한 위기 기준을 수립하고 기준에 적합한 조직의 가동 기준을 수립	
의사소통	조직 내외의 긴급 연락망 조직	
교육훈련	조직 전제 및 위기 조직에 대한 인식 제고 및 임무 체득화를 위한 교육 및 훈련 계획 수립	
유지관리	위기관리계획의 변경 및 개선에 대한 업데이트를 관리	

■ 위기관리 커뮤니케이션 체계 구축을 위한 절차 및 요소(예시)
- 위기관리 커뮤니케이션의 체계를 구축하는 절차는 다양하지만 다음과 같은 프레임
워크를 일반적으로 따름

위기관리 커뮤니케이션 체계 구축을 위한 프레임 워크

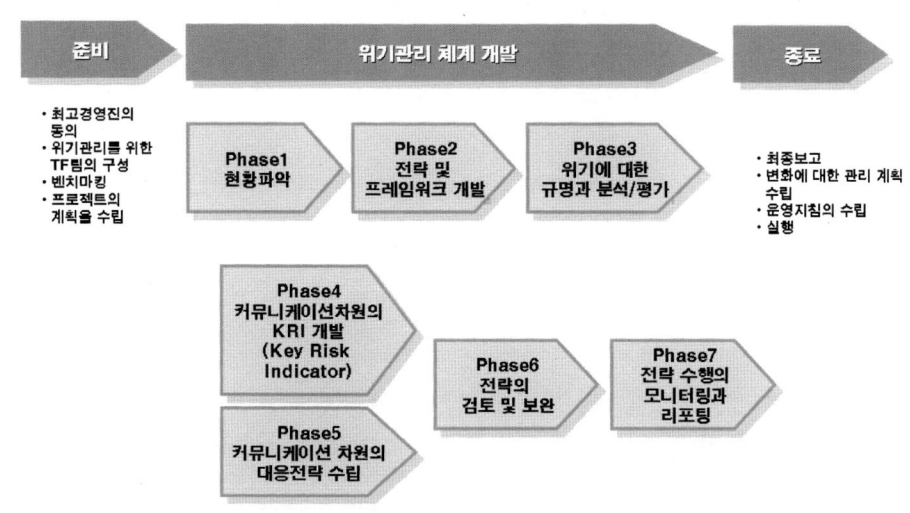

Memo.

3.1.4 미디어 및 외부 대응 전략 일반 (1)

■ 미디어 대응의 일반원칙
  ① 거짓말하지 마라(정직한 이미지)
  ② 모르면 모른다고 하라(추측 해명 금물, 공식성)
  ③ 피하지 마라(정면 승부+불필요한 언급 자제)
  ④ 대답은 신속히
  ⑤ 공평하게 대하라(메이저 언론 vs. 마이너 언론)
  ⑥ One Voice(대변인 지정, 용어 사용)

■ 위기 시 외부 대응 메시지와 이해관계자들의 질문 유형
  – 외부 이해관계자(특히 피해를 입은 소비자나 대중)가 처음으로 묻는 질문은 무엇이
    며, 그것은 우리(기업)에게 어떤 의미가 있는가?
    ① 내 가족, 나는 안전한가?
    ② 당신(기업 / 정부)은 나에게 영향을 미칠지 모르는 무엇인가를 찾아냈는가?
    ③ 내 자신과 우리 가족을 방어하기 위해 무엇을 해야 하는가?
    ④ 이러한 상황을 발생시킨 주체는 누구인가?
    ⑤ 당신(기업 / 정부)은 이러한 상황을 개선할 수 있는가?

  – 미디어(언론)가 처음으로 묻는 질문은 무엇인가?
    ① 어떤 상황이 발생했는가?
    ② 누구의 책임인가?
    ③ 이 상황에는 무엇이 포함되어 있는가?
    ④ 희생자(부상자)는 구조되었는가?
    ⑤ 우리는 무엇을 기대할 수 있는가?
    ⑥ 우리가 무엇을 할 수 있는가?
    ⑦ 왜 이 상황이 발생하게 되었는가?
    ⑧ 당신(기업 / 정부)은 이 상황이 발생할 것을 미리 예견했는가?

- **최초 발표의 핵심 메시지 구성**
  - 상황에 대해 해당조직이 매우 우려하고 있으며, 희생자와 유가족, 피해자들에 대해 진심으로 사과와 위로의 말씀을 전함
  - 현재 이러저러한 조치들을 취하고 있으며, 관계 당국과 긴밀히 협조하고 있음
    - 앞으로 상황의 재발 방지를 위해 이러저러한 조치들을 취해 나갈 것임

- **인터뷰 및 기자회견에 대한 철학**
  - 질문 답변 시간이 아니라, 회사의 메시지를 전달하는 시간
  - 답변보다 메시지에 집중(답변은 취재진을 만족시키지만, 메시지는 취재진의 인식과 시각에 영향을 줌)

- **기자 회견 시 고려사항**
  - 사건이 갖고 있는 다양한 측면에 대해 전문지식을 갖고 있는 고위관리자를 회견장에 내보내야 함. 사람의 수가 많으면 많을수록 미디어의 사냥대상이 늘어남. 만일 고위 관리자가 훌륭한 커뮤니케이터라면 기자회견에 참석시키는 것이 바람직함
  - 고위층이 부득이한 사정으로 회견 도중 자리를 비워야 할 경우에 대비해 회견의 시간제한을 두는 것이 좋음. 30분 이하는 바람직하지 않음
  - 새로운 보도자료는 기자회견이 종료될 무렵에 배포하는 것이 좋음. 전략적으로 복사본을 출구에 두어 미디어가 활용할 수 있도록 하고 고위층은 전용문으로 빠져나 갈 수 있게 함

Memo.

3.1.5 미디어 및 외부 대응 전략 일반 (2)

- **TV 인터뷰 대응 요령**
  - 세 가지 요점 강조: 사람, 환경과 재산피해, 재정적 결과
  - "조사가 다 이루어지면 원인이 규명될 것입니다"(사고 원인 추측 금물)
  - 최악의 질문 예상, 적절한 답변 준비
  - 경찰, 소방대와 같은 제3기관의 활약 칭찬
  - 회사, 직원, 제3자에 비난의 화살을 돌리지 말 것
  - 인터뷰하는 사람 응시, 카메라에 대고 말하지 말 것
  - 주어진 질문에 개의치 말고 세 가지 요점이 전달되었는지 확인
  - 허위사실, 오도하는 내용에 관해서는 즉각 개입해 정정

언론 보도 전에 정리해야 할 부분들

■ 숙지해야 할 위기상황과 관련한 기자, 언론의 속성
　－기자는 사건 사고의 책임이나 뉴스 가치에 초점을 맞추고 보다 주의를 끄는 기사
　　를 쓰기 위해 사고를 확대 해석하거나 유추해 부풀리는 경향이 있음
　－다른 언론사보다 먼저 기사를 쓰기 위해 정보를 최대한 빨리 캐내려고 위기관리에
　　대한 아무런 지식이 없는 담당자의 인터뷰를 받아내려고 하는 등 엄청난 초반공세
　　를 펼치는 경향이 있음
　　* '위기가 주변을 맴돌듯, 기자 역시 우리 주변을 맴돈다'

매체와의 인터뷰 시의 지향점과 지양점

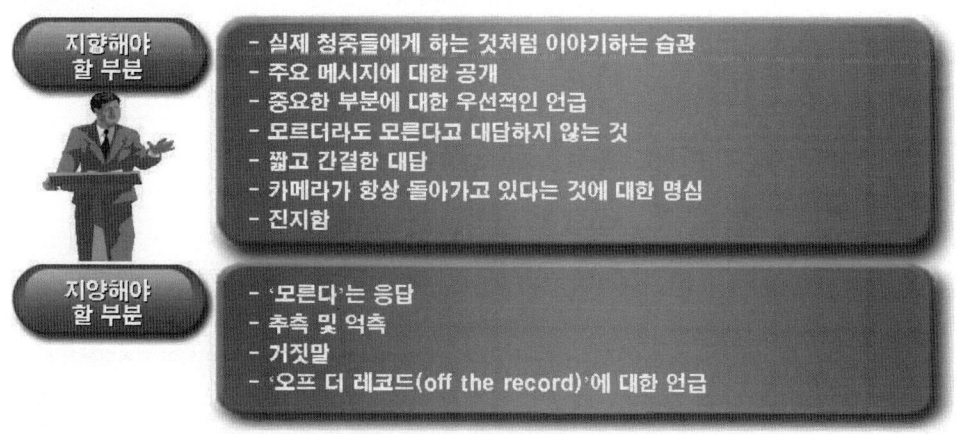

지향해야 할 부분
- 실제 청중들에게 하는 것처럼 이야기하는 습관
- 주요 메시지에 대한 공개
- 중요한 부분에 대한 우선적인 언급
- 모르더라도 모른다고 대답하지 않는 것
- 짧고 간결한 대답
- 카메라가 항상 돌아가고 있다는 것에 대한 명심
- 진지함

지양해야 할 부분
- '모른다'는 응답
- 추측 및 억측
- 거짓말
- '오프 더 레코드(off the record)'에 대한 언급

Memo.

3.1.6 미디어 및 외부 대응 전략 일반 (3)

■ 리스크 메시지 체크리스트
- '위기특성에 대한 정보, 이익의 특성에 대한 정보, 위기관리의 옵션에 대한 정보, 위기에 대한 지식의 불확실성, 위기관리에 대한 정보'라는 상위 항목을 바탕으로 각 항목에 해당되는 리스크 메시지들을 체크

Risk message 체크 리스트

위기의 특성에 대한 정보	
	관계된 위기는 무엇인가?
	각각의 위기상황에 노출될 가능성은 어떠한가?
	노출 범위는 어떠한가(누가 위기상황에 노출되는가?)?
	노출된 위기로 인해 누군가가 위해를 입을 가능성은 어떠한가?
	각 위기에 영향을 받는 사람들은 무엇에 민감한가?
	다른 위기상황과의 상호작용에 의해 위험상황에 노출될 수 있는가?
	위기의 특성은 어떠한가?
	총체적인 위기는 무엇인가?
이익의 특성에 대한 정보	
	위기처리와 관계되어 있는 이익은 무엇인가?
	실제적인 위기대응 활동에 수반되는 기대 이익은 무엇인가?
	이익의 질은 어떠한가?
	누가 이익을 얻으며 어떠한 방식으로 이익을 얻을 수 있는가?
	위기의 처리로 인해 얼마나 많은 사람들이 이익을 얻을 수 있으며 얼마나 그 이익이 지속되는가?
	다양한 이해관계자들이 불균등하게 이익을 분배하는가?
	총체적인 이익은 무엇인가?
위기관리의 옵션에 대한 정보	
	위기에 대한 이해관계자들의 질문에 있어서 고려해야 하는 옵션은 무엇인가?
	효과적인 개별 옵션들은 무엇인가?
	해당 사안의 행동을 취하거나 취하지 않을 경우의 위기와 이익은 어떠한가?
	개별 옵션을 선택해 위기관리를 실행할 경우의 비용과 이익은 무엇이며, 어떻게 계획을 실행해야 하는가?
위기에 대한 지식의 불확실성	
	이용할 수 있는 데이터의 약점은 무엇인가?
	평가된 자료에 근거한 위기관리의 가설은 무엇인가?
	가설을 변화시키기 위한 평가결과는 얼마나 민감한 사안인가?
	평가된 결과를 변화시키기 위한 내부결정은 얼마나 민감한 사안인가?
	새로운 가설을 만들기 위한 재조사 방법은 무엇이며, 이러한 경우 기존의 대응방식과의 차이점은 무엇이며, 왜 그렇게 되는가?
위기관리에 대한 정보	
	결정을 책임지는 사람은 누구인가?
	어떤 이슈가 법적으로 중요성을 갖는가?
	결정을 압박하는 요인은 무엇인가?

■ 메시지 전략의 중요원칙: STARCC & ENVITE Principle
  – 대중이나 언론에 위기상황을 전달할 경우 다음의 두 가지 원칙에 의거하여 메시지
    를 구성하는 것이 중요함

STARCC & ENVITE Principle

STARCC Principle	ENVITE Principle
Simple (Be short, Must not use jargon)	**E**mpathy
Timely	**N**on-confrontational
Accurate (Honesty)	**V**alidate
Relevant (Be relevant)	**I**nform
Credible (Give positive action steps)	**T**ake action
Consistent (Be repeated)	**E**nlist cooperation

Memo.

3.1.7 위기상황에서의 언론대응 7단계 조치

■ 1단계. 미디어 Needs, Constraints, 미디어대응능력 판단
 - 미디어 요구사항 판단
 - 미디어 제약사항 인식(미디어속성 이해: 조직적, 법적, 직업적 강제조건 이해)
 - 조직의 미디어대응능력 현실 판단 / 조정

■ 2단계. Goal, Plan, Strategy 개발
 - 미디어 커뮤니케이션 목표 개발
 - 매체 커뮤니케이션 계획의 문서화(최고의사결정자의 사전 승인)
 - 파트너 및 이해관계자 전략 개발

■ 3단계. 커뮤니케이션 훈련
 - 미디어 커뮤니케이션 팀 훈련
 - 미디어 대응 리스크 정보 관리 훈련
 - 대변인 훈련

■ 4단계. Message 준비
 - 이해관계자 및 관심사 리스트 준비
 - 간결 명료한 메시지 준비
 - 타깃 메시지 준비

■ 5단계. 미디어 보도 및 활동 확인(감시)
 - 활용 가능한 미디어 확인
 - 가장 효율적인 미디어 창구 확인(방송 혹은 인터넷)
 - 최초 24~72시간 미디어 활동 감시

■ 6단계. 메시지 전달
  - 시의적절한 시기에 정확한 메시지 전달
  - 가시성 유지 위한 메시지 전달(지속적 업데이트)
  - 타깃 메시지 전달
  - 효율적인 메시지 전달을 위한 대변인 교육

■ 7단계. 메시지 및 성과 평가
  - 메시지 전달 및 미디어 보도에 대한 전체 프로세스의 평가
  - 메시지의 전달에 대한 비용효율성 등 평가(가장 적합한 언론매체 선정에 필요)
  - 피드백 기반 수행활동 평가(지속적으로 수행)
  - 메시지에 대한 공중의 반응 평가

Memo.

3.1.8 보도자료 및 통지문 작성방법

■ 최초 보도성명 작성의 개요

  1) 사고의 종류

  2) 사고 발생 위치

  3) 사망자에 관한 세부 정보(이름이 아닌 숫자)

  4) 부상자에 관한 세부 정보(이름이 아닌 숫자)

  5) 사고의 영향을 받은 지역에 대한 세부정보

  6) 환경에 미치는 영향

  7) 고객(이해관계자)들을 위한 조치

  8) 사고에 대한 유감 표명, 위급상황에 관련된 사람들을 격려하는 고위관리자의 말 인용

  9) 사고원인에 대한 차후 조사에 대한 세부 정보

  10) 사고발생 전 현장의 안전기록에 관한 언급

  * 공식적 해명, CEO 및 중역(정부의 경우에는 정부고위관리)의 생각 인용, 넘버링(시간 과 날짜 기록); 사건 흐름에 따른 기자 관리, 미디어 외 협력기관에 사본 배포

최초 보도성명서 작성사례

보도 성명서

날짜:
시간:
No:

서울기업은 사고(내용을 안다면 밝힐 것)가 발생했음을 확인했으며 (언제, 어디서를 밝힐 것), 현재 현장 대책위원회가 응급조치를 취하고 있습니다.

사고에 관한 자세한 사항은 아직 밝혀지지 않았으나, 회사는 생명과 안전을 보호하기 위한 모든 가능한 노력을 취하고 있습니다.

사고현장에 관한 배경정보가 첨부되어 있습니다. 사고에 관한 자세한 정보는 입수되는 대로 곧 배포될 것입니다.

사고에 관한 미디어 문의는 지정 전화번호를 이용해 주십시요.
(담당 위기관리팀장 홍길동, 직통: 02-123-4567)

■ 최초 보도성명의 작성 6원칙

1) Empathy 표명(불안, 공포에 대한 미안한 마음)

2) Facts 확인(확실한 요소만 밝힐 것)-Who, What, Where, When, Why, How 기준

3) 아직 모르는 것

4) 원인규명 및 조치과정

5) 해결할 수 있다는 의지

6) Referrals-추가 상세정보 접촉 포인트, 다음 스케줄

* 메시지 체크 포인트

- 적극적 조치, 정직(사실 확인), 단순문장 및 간결표현 준수

- 전문어, 추상표현, 유머, 과도한 의견 회피

Memo.

■ 2차 보도 성명서의 특성

- 2차 보도자료는 1차 보도자료보다 더욱 정확한 정보로 업데이트되어야 함. 또한 1
  차보도자료에서 미비했던 사고의 경위나 원인을 더욱 명확하게 제시해야 함
- 1차 보도자료에서 전달한 내용이 적절하지 않았다면 2차 보도자료에서 필히 수정
  된 내용이 제시되어야 함
- 2차 보도자료는 1차 보도자료가 제시된 뒤 이후 되도록 빠른 시일 내에 언론에 제
  공되어야 함

2차 보도성명서 작성사례

보도 성명서

날짜:
시간:
No:

(구체적인 장소와 시간) 지난 ___일 ___에서 발생한 사고는 조사결과 ___가
원인인 것으로 밝혀졌습니다. 이 사고로 인하여 _____이 발생하였습니다.
(사고나 위기의 영향으로 인한 결과)

서울기업은 이 사태를 조속하게 해결하기 위해 _____노력을 했으며,
현재 _____한 방향으로 나아가고 있습니다. 앞으로 이러한 사고가
발생하지 않도록 적극적으로 노력하겠습니다.

사고에 관한 미디어 문의는 지정 전화번호를 이용해 주십시요.
(담당 위기관리팀장 홍길동, 직통: 02-123-4567)

■ 발표문 및 통지문에 대한 답변 요령(실제 사례)

▷ 사고발생 경위에 대한 질문 답변

-"아직 자세한 사고 경위를 말씀 드리기에는 이릅니다. 정확한 원인과 사고 경위는 며칠 또는 몇 주가 소요될 것 같습니다. 현재 서울기업에서 조사를 실시하고 있으며 정확한 사고 경위가 밝혀지도록 적극적으로 노력하겠습니다. 우리는 경위와 경과에 대해 추측하지 않을 것이며 언론에서도 추측하지 말 것을 권합니다."

▷ 더 이상 발표내용이 없을 시

-"현재 우리가 확인한 모든 사항을 발표한 상황이며 사실이 확인되는 대로 추가로 알려드리겠습니다. 조금만 참고 기다려 주시기 바랍니다."

▷ 사고결과에 대한 질문 답변 시

-"사고에 대한 대책으로 서울기업은 ○○○○를 하기로 결정했으며 상황이 더욱 악화되지 않기 위해서 최선을 다할 것이며 앞으로 이러한 일이 다시는 발생하지 않도록 적극적으로 노력하겠습니다."

Memo.

3.2.1 기업 위기의 속성과 커뮤니케이션 대응수준

■ 기업의 위기속성과 위기특성 구분
　－기업이 실제로 맞닥뜨리게 되는 위기의 수준은 초기, 중기, 발전, 비상, 초비상의 5
　　단계로 구분할 수 있음
　－위기의 특성인 위험의 크기, 속성, 가시성, 변화, 영향, 대응조직 등은 위기의 수준
　　에 따라 그 내용이 상이함

기업 위기의 속성과 대응수준

위기수준 위기특성	초기 1	중기 2	발전 3	비상 4	초비상 5
크기	극소형	소형	중형	대형	초대형
속성	확실		애매함		불확실
가시성	선명		애매함		불투명
변화	불변		변화		융합
진행속도	지연	완만	신속	급속	초급속
대상	1차	2차	3차	4차	5차
주기	단순	반복	변화주기	비정형	복합전개
영향	적다		많다		치명적
위기대응 규모	단위대응	부문대응	조직대응 사업대등	연관대응 전사대응	기업(전사)대응 +이해관계자
허용 대응속도	지연	완만	신속	급속	초급속
대응내용	1차	2차	전면	입체적	발본적
대응조직	소관부문	연관부문	사업부문	전사적	그룹+이해관계자

■ 일반적인 기업의 위기관리커뮤니케이션 프로세스
  - 기업의 경우에는 사전에 정의되어 있는 위기에 대한 대응뿐만 아니라 사전에 정의
    되어 있지 않은 위협이 위험으로 전환될 경우에도 이에 대한 적절한 위기관리커뮤
    니케이션 대응이 필요함

기업의 위기대응 커뮤니케이션 프로세스

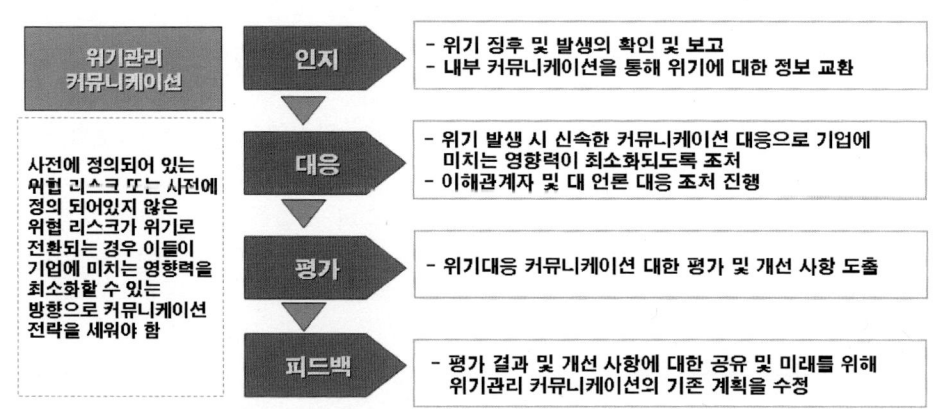

위기관리 커뮤니케이션

사전에 정의되어 있는 위협 리스크 또는 사전에 정의 되어있지 않은 위협 리스크가 위기로 전환되는 경우 이들이 기업에 미치는 영향력을 최소화할 수 있는 방향으로 커뮤니케이션 전략을 세워야 함

인지
- 위기 징후 및 발생의 확인 및 보고
- 내부 커뮤니케이션을 통해 위기에 대한 정보 교환

대응
- 위기 발생 시 신속한 커뮤니케이션 대응으로 기업에 미치는 영향력이 최소화되도록 조처
- 이해관계자 및 대 언론 대응 조처 진행

평가
- 위기대응 커뮤니케이션 대한 평가 및 개선 사항 도출

피드백
- 평가 결과 및 개선 사항에 대한 공유 및 미래를 위해 위기관리 커뮤니케이션의 기존 계획을 수정

Memo.

3.2.2 위기관리 커뮤니케이션 매뉴얼 (1)

■ **리스크 커뮤니케이션 매뉴얼 구축의 필요성**
  o 위기관리 커뮤니케이션은 위기관리 계획의 실행과 연관
    - 위기관리를 계획하는 단계에서 커뮤니케이션 원칙을 설정해 두는 것은 매우 중요
  o 실행단계에서는 조직의 위기상황을 설명하고 대변할 수 있는 대변인을 지정하고 원칙에 따라 일관된 목소리를 내는 것이 중요
    - 외부 공중과의 커뮤니케이션은 매우 중요한 부분
  o 내부커뮤니케이션 과정도 중요한 요소
    - 위기는 현장담당자로부터 최고 관리자에 이르는 과정에서 신속하고 정확하게 전달돼야 하기 때문(늑장보고, 왜곡 보고 방지, 위기에 적절한 대처)
  ☞ 이러한 문제는 커뮤니케이션 교육과 시스템 구축이 해결해 줄 수 있는 부분
    - 종합적인 관점에서 적절한 위기관리 커뮤니케이션 전략은 가장 핵심적인 요소

매뉴얼 구축의 10대 원칙

1. 조직에서 발생 가능한 위기를 미리 정의해 종류별로 명시해 둔다.
2. 위기상황을 해결해 나가는 위기관리 커뮤니케이션 목표를 명확히 설정해둔다.
3. 조직의 특성과 상황에 맞추어 여러 가지 위기 시나리오를 가상한 위기관리 커뮤니케이션 매뉴얼을 구축한다.
4. 매뉴얼 관리 및 위기관리 커뮤니케이션 담당자를 지정하여 변동사항을 체크하고 수시로 보완한다.
5. 담당자별 행동요령과 업무분담에 대한 정확하고 구체적인 설명을 준비한다.
6. 위기관리 대상의 종류와 특성을 이해하고 중요도에 따른 세부관리 리스트를 작성한다.
7. 위기관리 커뮤니케이션 기본원칙인 신속성과 투명성을 유지한다.
8. 커뮤니케이션 대응 시 정보제공의 창구를 일원화하고 일관된 메시지나 정보를 전달한다.
9. 위기관리 커뮤니케이션 매뉴얼에 따라 실제 훈련으로 숙달한다.
10. 위기상황 종결 시에는 반드시 위기관리 커뮤니케이션 매뉴얼을 수정보완하여 동일한 위기상황이 발생하지 않도록 한다.

■ 매뉴얼의 작성요령
  ① 매뉴얼의 전제가 되는 상징리스크를 명확히 함
     예: '자연재해로 인한 공공시설(제조시설)의 파괴'
        '제품리콜과 불매운동'
        '제품에 대한 독극물 협박' 등
  ② 대응방침 및 대응목표를 명시
     예: '인명을 제일 우선시 한다'
        '조직의 사회적 신용을 제일 우선시 한다'
        '제품의 공급 속행을 제일 우선시 한다'
  ③ 목표달성을 위해 효과적인 체제 및 대응활동을 준비하는 입장에서 검토

■ 위기관리 매뉴얼 작성의 최초단계에서 조직의 취약성 진단 (Crisis barometer)
  －예상 가능한 위기에 대해서 다음의 두 가지 질문 제기
    1) 이 위기가 발생할 가능성은 어느 정도인가?: 발생가능성(pro ability)
    2) 만약 이 위기가 일어난다면 어느 정도의 피해를 줄 것인가?: 피해정도(impact)

Memo.

3.2.3 위기관리 커뮤니케이션 매뉴얼 (2)

■ 위기관리매뉴얼 책정요령
  - 위기관리계획 매뉴얼을 책정하기 위해서는 다음과 같은 세부 고려사항들을 적용하
    려는 노력이 요구됨

위기관리 매뉴얼 책정요령

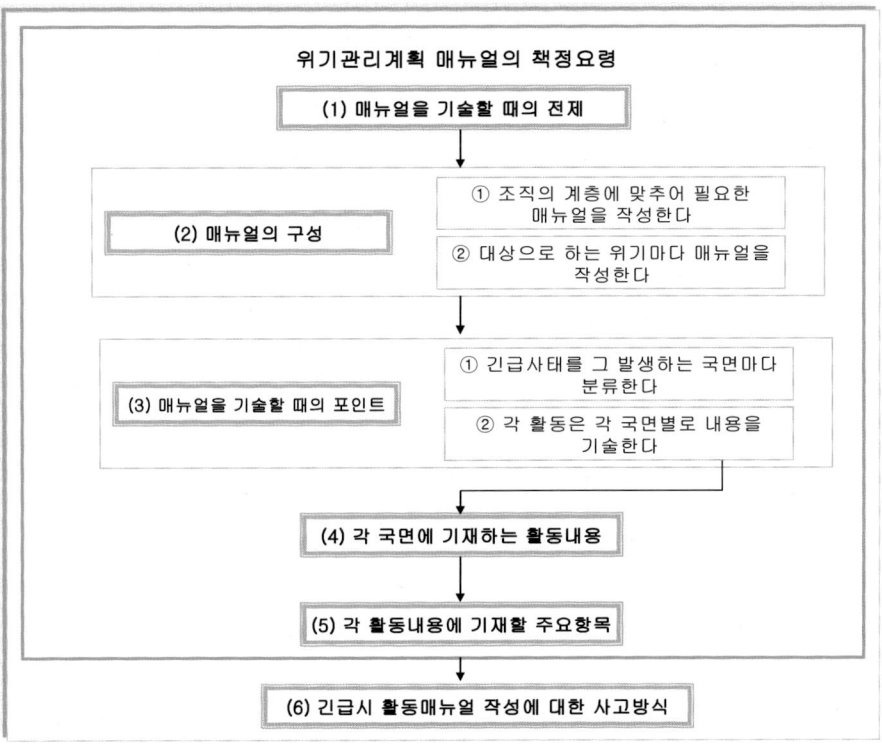

■ 위기관리 매뉴얼의 작성 범례
  - 조직과 위기상황의 특성에 따라 조금씩 상이하지만 대체로 다음의 범례를 따름

조직의 위기관리와 예방을 위한 위기관리 매뉴얼의 목차

○ **제1장 총론**
 - 매뉴얼의 목적
 - 위기의 정의 및 발생원인
 - 위기관리 커뮤니케이션의 목표
 - 조직의 정의와 구성
 - 위기 상황에 따른 대응태세

○ **제2장 위기관리 커뮤니케이션 조치 및 절차**
 - 리스크 판단 및 사고 접수와 보고·전파
 - 위기관리 대상 판단
 - 위기관리 커뮤니케이션팀 세부 업무
 - 커뮤니케이션 실행전략

○ **제3장 후속조치 및 기타**
 - 위기관리 결과의 공표와 평가
 - 매뉴얼 점검 및 수정보완
 - 매뉴얼 교육 및 워크숍 시행

Memo.

3.2.4 기업의 위기관리 매뉴얼의 실제 (1) 총론

■ '총론'의 구성
  ① 매뉴얼의 목적: 해당 위기대응 전략매뉴얼을 만든 이유를 명시
  ② 위기의 정의 및 발생원인: 예컨대, '인적, 물적인 피해정도가 크며 그 영향이 광범
    위해 기업 차원의 종합적인 대처가 필요한 유류와 유해화학물질로 인한 대규모
    수질 오염사고' 등과 같이 구체적으로 위기가 무엇이며 어떤 원인으로 발생했는지
    등을 명시
  ③ 위기관리 커뮤니케이션의 목표: 본 매뉴얼의 위기관리 커뮤니케이션 프로세스를
    통해 얻고자 하는 목표를 명시
  ④ 조직의 정의와 구성: 위기관리커뮤니케이션 대응 조직의 소개
  ⑤ 위기 상황에 따른 대응태세: 위기의 심각성에 따른 구체적인 대응 행동을 소개

■ 중요 내용 (1) 위기관리 커뮤니케이션 조직의 체계도
  － 위기상황을 능동적으로 대처하기 위한 위기관리커뮤니케이션 조직의 일반적인 구성

위기관리 커뮤니케이션 조직

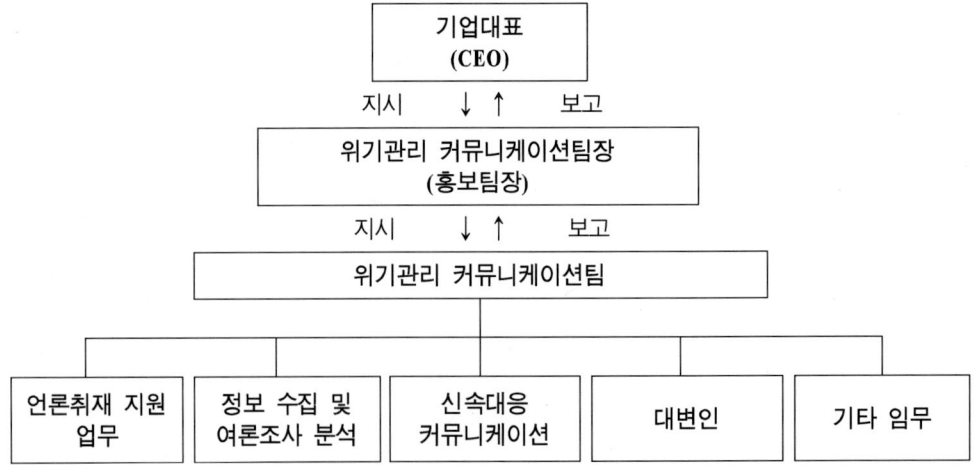

- 중요 내용 (2) SWOT분석에 따른 위기대응 지수
  - Satisfaction: 만족지수를 의미, 위기 관리팀에게 현 위기 상황이 얼마나 불안을 주는가?
  - Wealth: 경제적인 가치기준을 나타내는 지표, 위기상황이 재정적으로 얼마나 기업에게 큰 위기를 가하게 되는가?
  - Object: 위기상황의 해결 목저에 접근 가능한 위기관리 담당자의 수준은 어떠한가?
  - Time: 상황의 위기가 얼마나 시급한 것인가?

SWOT분석에 따른 대응 단계 구분(사례)

	S (위기상황안정도)	W (예상 피해액)	O (관리목적 집근)	T (위기 해결시간)
1단계 (1점)	안정	1천만 원 이하	최초위기발견자 접근 가능	10일
2단계 (2점)	약간 불안정	5천만 원 이하	본사접근가능	7일
3단계 (3점)	불안	1억 원 이하	위기관리팀원 접근가능	5일
4단계 (4점)	약간 불안	5억 원 이하	위기관리팀장 접근가능	2일
5단계 (5점)	불안 심화	10억 원 이상	최종 결정권자 접근가능	1일 혹은 매우 긴박함

Memo.

3.2.5 기업의 위기관리 매뉴얼의 실제 (2) 위기관리 커뮤니케이션 조치 및 절차

- **'제2장 위기관리 커뮤니케이션 조치 및 절차'의 구성**
  ① 리스크 판단 및 사고 접수와 보고·전파: 위기 및 사고의 접수요령, 보고 및 전파 대상 및 전화, FAX, e-mail 등의 사고 전달 방법에 대한 구체적인 소개
  ② 위기관리 대상 판단: 위기 커뮤니케이션 관리를 위한 관리대상 분류의 목적, 관리 대상의 분류유형 소개
  ③ 위기관리 커뮤니케이션 팀 세부 업무: 위기관리 커뮤니케이션 팀장, 언론취재 지원 업무 담당, 정보 수집 담당, 신속대응 커뮤니케이션 담당, 대변인 등의 구체적인 업무 제시
  ④ 커뮤니케이션 실행전략: 전사 차원의 커뮤니케이션 기본 원칙, 관리대상별(예컨대, 언론과 非언론 등) 커뮤니케이션 원칙과 실제 전략을 제시

- **중요 내용 (1). 이해관계자 분류 및 전략**
  - 협조와 위협의 가능성을 중심으로 분류

이해관계자에 따른 기업의 위기관리 대응 전략

해당 이해관계자의 잠재적 위협 가능성

	높음	낮음
해당 이해관계자의 잠재적 협조 가능성 — 높음	4유형 혼합형(Mixed Blessing) 전략 : 협조하라! (Collaborate)	1유형 후원형(Supportive) 전략 : 참여시켜라! (Involve)
해당 이해관계자의 잠재적 협조 가능성 — 낮음	3유형 비협조형(Non supportive) 전략 : 방어하라! (Defend)	2유형 한계형(Marginal) 전략 : 관찰하라! (Monitor)

■ 중요 내용 (2) 언론대응을 위한 체크 리스트
  - 언론대응조직체(대변인)가 준비해야 할 언론 체크 리스트

언론대응 체크 리스트

언론대응 체크리스트 작성

- 대변인 지명 : 언론 창구 단일화, 메시지의 일관성 유지 ☑
- 브레인스토밍 : 추가 위기상황에 대한 시나리오 및 그에 따른 언론대응
  방법 검토 ☑
- 정면 승부[정보 은폐 방지] ☑
- 자료수집[현장에 인력 배치, 모든 정보 수집] ☑
- 신속한 답변[언론의 자료요구에 신속한 응대] ☑
- 정직성[사실에 근거한 답변] ☑
- 불필요한 언급 자제[부정적 정보제공 자제, 필요 이상의 정보 제공 금지] ☑
- 공식성[비공식적 대응, 추측 금지] ☑
- 용어 사용[기초적인 단어 사용, 비즈니스 용어나 약어 사용 금지] ☑

Memo.

■중요 내용 (3) 언론접촉을 위한 기본사항
  − 인터뷰, 기자회견, 브리핑 등 대언론 접촉을 위해 필요한 기본 숙지사항
  − 인터뷰 진행순서부터 기자재 준비 등 언론과의 접촉에 관련된 전 과정을 체크

언론접촉을 위한 기본준비사항

- 언론접촉의 시기 및 장소
- 진행순서
- 접촉 언론사명과 기자명
  (가능하다면 해당 기자의 과거 기사 2개 이상 분석)
- 언론매체의 종류 및 특성 (방송·신문·인터넷 언론 구분, 기업과의 적대성,
  사회에 미치는 파급력 등)
- 기자가 사전에 요구한 회견 주제 및 이슈
- 기자들의 예상 질문과 이에 대한 답변을 적은 예상 질의서
- 언론접촉에 응하는 기업관계자(대변인, CEO)가 강조해야 할 점
- 언론접촉에 응하는 기업관계자들이 언급을 피해야 할 주제와 이슈
- 언론접촉을 준비하는데 유용하게 이용될 배경자료와 통계자료
  (시청각 자료를 언론에 공개할 경우 시청각 기자재인 VCR, 빔프로젝터,
  노트북 등 제대로 작동되는지 사전점검)
- 언론접촉을 준비하는데 유용하게 이용될 외부 관계자
  (필요하다면 동석 요청)

■ 중요 내용 (4) 방송출연(인터뷰, 기자회견, 브리핑)을 위한 대응리스트
   - 개인 인터뷰나 기자들을 대상으로 한 기자회견, 브리핑 시의 유의사항들

인터뷰, 기자회견, 브리핑 관련 체크 리스트

○ 인터뷰(방송출연) 유의점
- 해당 프로그램의 종류와 시청자 및 청취자에 대한 파악
- 요청된 사전 질문이 있다면 이에 대한 구체적인 답변을 마련해 둘 것
- 진행자와 계속 눈을 맞추며 회피하는 듯한 인상을 남기지 말 것
- 난처한 질문을 받았을 경우, 우물쭈물 하거나 묵묵부답하기 보다는 "진행자님 생각에는 어떻다고 생각하십니까?"와 같이 재치 있게 응대
- 목소리 톤은 차분하게 하며, 품위 있는 어투를 사용
- 화려하거나 정도에 벗어난 복장은 피함
- 생방송이 아닌 경우 실수가 있으면 다시 말하거나 그 부분을 다시 녹화하자고 자신 있게 제안
- 카메라나 녹음기가 계속 돌아가고 있다고 생각하고, 쉬는 시간에도 언행이나 행동에 조심할 것
- 표준어를 사용하고, 거슬리는 외국어 발음이나 은어·속어 등을 사용하지 않도록 유의할 것

○ 기자회견과 브리핑 시 유의점
- 발표와 질의 및 응답을 각 20분 이내로 제한하여, 돌발적인 질문이나 상황을 최소화할 것
- 마이크를 만지거나, 준비된 음료를 회견이나 브리핑 초반부터 마시는 행위를 금할 것
- 무의식적인 습관들에 유의 할 것 (머리 긁기, 손톱 물어뜯기, 손가락 꺾기 등)
- 카메라를 지나치게 의식하지 말고 청중에 집중하는 인상을 보일 것
- 화려하거나 지나친 복장은 금물 (가능하다면 현장복 등을 착용해 기업이 현재 시간 개념 없이 적극적으로 위기 대처에 임하고 있음을 암시해 줄 것)
- 자신감 있는 표정을 지으며, 중요한 논의에서는 가벼운 제스처로 주의를 환기시킬 것
- 빠른 속도의 말, 단조로운 어조, 사투리와 은어·속어 등의 사용을 금할 것
- 되도록이면 질문자의 질문에 재차 질문하지 않는 등 완전한 집중 상태를 보여 줄 것
- 자료를 앵무새처럼 읽지 말고 구어체로 설명할 것

Memo.

3.2.6 기업의 위기관리 매뉴얼의 실제 (3) 후속조치 및 기타

■ '제3장 후속조치 및 기타'의 구성

① 위기관리 결과의 공표와 평가: 위기처리 뒤 외부에 공표해야 할 중요한 항목들과 결과발표의 채널과 수단, 위기관리 과정의 평가

② 매뉴얼 점검 및 수정보완: 추가 위기상황 예방을 위한 커뮤니케이션 전략의 보완, 언론분석(정량적 분석 & 정성적 분석)을 통한 매뉴얼 보완

③ 매뉴얼 교육 및 워크숍 시행: 주요 직급(보직)별로 실행되는 위기관리 커뮤니케이션 매뉴얼 교육 및 워크숍의 개요

■ 중요 내용 (1) 위기관리(커뮤니케이션) 과정에 대한 평가

- 위기관리가 전사 차원에서 제대로 실행되었는지를 평가하고 그 효과를 측정하는 것이 목적
- 프로그램, 조직의 두 가지 차원에서 설정된 목표가 실제 달성되었는지를 평가하고 측정
- 평가결과는 위기관리 커뮤니케이션 매뉴얼 수정·보완에도 활용

위기관리(커뮤니케이션) 평가항목과 고려사항

구 분		평 가	고려사항
프로그램 차원	목표 달성	◦위기관리 계획의 수행 ◦언론 대응 ◦위기관리 커뮤니케이션 목표의 달성	◦위기의 유형 및 단계 ◦위기관리 시스템 ◦이해관계자별 평가
조직 차원		◦내부 조직의 명성 평가 ◦일반 이해관계자와의 관계평가 ◦언론 평가	◦명성 및 이해관계의 관계 변화는 실험설계, 언론에 대한 평가는 내용 분석, 서베이 등을 실시

■ 중요 내용 (2) 언론분석을 통한 위기관리 커뮤니케이션 매뉴얼의 보완
  - 정량적 분석(Quantitative Analysis), 정성적 분석(Qualitative Analysis)을 혼용

매뉴얼 보완을 위한 정량, 정성 분석의 개요

정량분석

- 매체별, 언론사별 시청률이나 열독율 등을 측정하여,
중요 관리 대상이 될 수 있는 매체와 언론사들을 재정의(再定義)
- 위기상황 관련 기사의 단순 빈도수와 지면 등을 수치적으로 분석하여
언론보도의 흐름을 수량적으로 판단

- 보도 내용에 따라 긍정적 보도, 부정적보도, 균형 있는 보도 등으로
분류하고 전체적인 언론보도의 흐름과 언론사의 보도경향을 평가

정성분석

Memo.

3.3.1 국가 차원의 위기 유형과 표준매뉴얼 형태(NSC사무처의 분류기준)

■ 국가 차원에서 대비해야 할 위기의 유형
  - 국가안전보장회의(National Security Council)에서 국가 차원의 위기유형을 33개로 분류하고 있음
  - 위기구분은 매뉴얼 구축을 위한 사전단계임
  - 위기의 유형구분은 대구지하철 화재 참사와 1·25 인터넷대란, 화물연대 운송거부 사태 등 지금까지 경험해보지 못한 새로운 위기유형이 발생할 경우 부처와 기관별 임무와 역할을 정확하게 명시하기 위한 사전 단계
  - 크게 전통적 안보, 재난, 국가핵심기반으로 구성됨

위기관리(커뮤니케이션) 평가항목과 고려사항

구 분	고려사항
전통적 안보 (13)	서해 NLL 우발사태, 대통령 권한공백, 재외국민보호, 소요·폭동, 파병부대 우발사태, 테러, 비군사적 해상분쟁 등
재난 (11)	풍수해, 지진, 산불, 고속철도 대형사고, 다중밀집시설 대형사고, 대규모 환경오염, 화학유해물질 유출사고, 지하철 대형화재 사고, 공동구 화재사고, 전염병, 가축질병
국가핵심기반 (9)	사이버 안전, 전력, 원유 수급, 원전 안전, 금융전산, 육상화물운송, 식·용수, 보건의료, 정보통신

■ 주요 상황에 따른 대응 매뉴얼
  - NSC사무처에서는 2007년 12월까지 총 7개 상황에 대한 위기대응 매뉴얼을 수립
  - 그 주요 내용은 '북한관할 수역 내 민간선박 조난 대응 매뉴얼', '우리 관할 수역 내 북한선박 조난 대응 매뉴얼', 'DMZ 산불 대응 매뉴얼', '대규모 인명피해 선박 사고(내수면) 대응 매뉴얼', '대규모 인명피해 선박사고(해상) 대응 매뉴얼', '인근국가 원자력사고 대응 매뉴얼', '주변해역 대형 해상사고 대응 매뉴얼'임
  - 주요 상황에 해당되는 공통된 매뉴얼 구성 체계는 다음과 같음

주요상황 대응 매뉴얼 구성 체계

구 성	주요 내용
제1장 일반사항	1. 개요 2. 적용범위 3. 관련법규 4. 용어 정의
제2장 기본사항	1. 목표 2. 방침 3. 대응체계
제3장 대응활동	1. 세부 활동 내용 가. 상황전파 나. 부처 간 대외협조 다. 대응활동 라. 지원
제4장 사후관리	1. 세부 활동 내용 가. 피해조사 및 복구 나. 협력체제 구축 다. 대응시스템 보완 · 발전 2. 기관별 책임 · 역할
부록(참고자료)	1. 사례 2. 관련법규 세부내용 3. 연락체계 4. 관련기관

Memo.

3.3.2 국가위기 시 경보단계와 발령절차

■ 일반적인 국가위기 시 경보 단계의 수준

  - 국가위기의 단계는 크게 관심-주의-경계-심각의 수준으로 구분됨
  - 관심(Moderate): '징후가 있으나 그 활동수준이 낮으며 가까운 기간 내에 국가위기로 발전할 가능성도 비교적 낮은 상태'일 때 발령. 주관기관에서는 위기징후를 세밀하게 감시하고 유관기관의 협조 체계를 점검
  - 주의(Substantial): '징후활동이 비교적 활발하고 국가 위기로 발전할 수 있는 일정 수준의 경향성이 나타나는 상태'일 때 발령. 주관기관은 유관기관의 정보공유 활동을 강화하며 협조체계를 가동
  - 경계(Severe): '징후활동이 매우 활발하고 전개속도, 경향성 등이 현저한 수준으로서 국가위기로의 발전 가능성이 농후한 상태'일 때 발령. 범정부 차원의 조치가 시작되며 주간기관은 대비계획을 점검하고 인적·물적인 자원을 준비
  - 심각(Critical): '징후 활동이 매우 활발하고 전개속도, 경향성 등이 심각한 수준으로서 위기발생이 확실시되는 상태'일 때 발령. 관련기관들은 위기발생을 억제하기 위해 역량을 총 투입하고 비상근무 태세를 유지하고 물자와 장비를 비치하는 등 즉각적인 대응이 가능한 대비태세에 돌입함

국가 위기징후와 경보

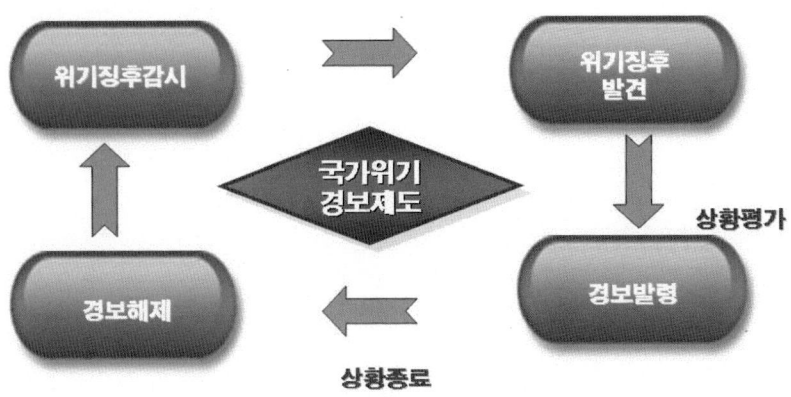

■ 국가 차원의 위기경보 발령 절차
  - 일반적으로 국가의 위기상황은 다음과 같은 위기경보 절차에 따라 조치됨

국가 위기경보 발령 절차

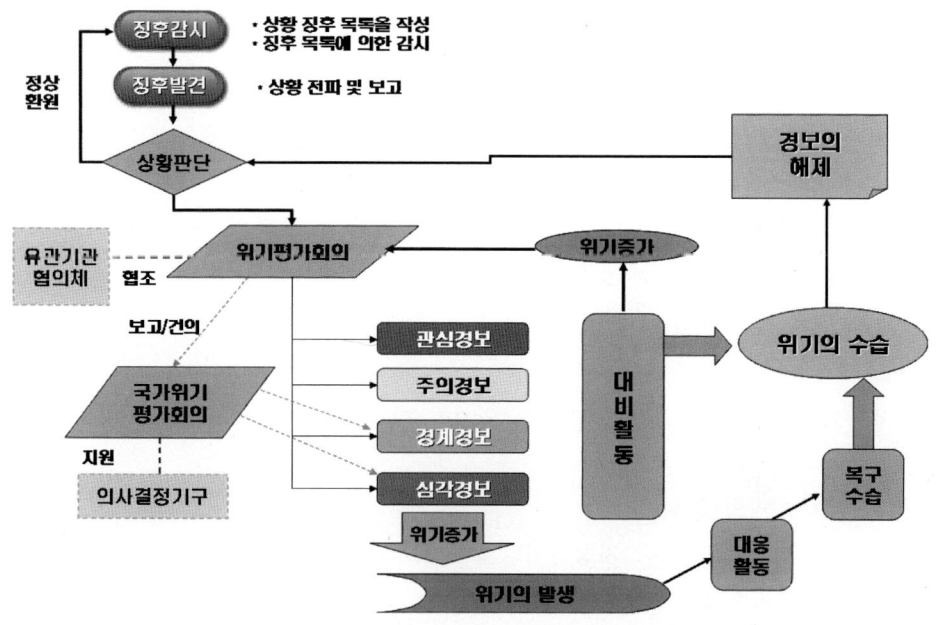

Memo.

3.3.3 국가 차원의 위기시스템 정교화를 위한 방안

■ **사전대비 시스템의 강화, '위기는 반드시 온다'**

- 예상되는 위기를 반드시 막을 수 있다고 생각하기보다는 '위기는 반드시 온다'는 식으로 발상을 전환
- 완벽하게 대비를 하되 사고는 일어날 수밖에 없다는 관점에서 각종 대책을 입안

▶ 예방은 물론이고 사고발생 시 효과적으로 대응할 수 있는 체계를 구축

- 위기관리를 경제, 행정, 복지 등과 마찬가지로 국가경영의 핵심과제로 설정하고 위기발생 시에 신속히 기능할 수 있는 체제를 확립
- 종합적이고 전문적으로 위기에 대응할 수 있는 통합적인 위기대응체제(IEMS: Integrated Emergency Management System) 강화

▶ '적당주의', '망각주의'에서 탈피해 우리 사회의 각종 리스크를 파악하려는 노력 필요함

- 사람보다는 시스템에 초점을 맞추어 위기를 탐지할 수 있는 시스템의 구축

■ **현장 대응시스템의 강화**

- 위기 대응의 당사자인 각 지방자치단체의 위기관리 조직의 권한과 역량의 강화

▶ 우리나라의 경우 위기관리 시스템이 중앙 집중화되어 있어 위기 대응의 신속성 저하 등의 문제점을 유발하고 있다는 비판이 큼

▶ 신속하고 지역밀착적인 위기 대응을 위해서는 광역의 지방자치단체가 위기관리 주체가 될 수 있도록 제도를 재설계해야 함

- 유관 기관 간의 공조체제가 실질적으로 작동할 수 있도록 지속적인 정보 공유 및 가상 위기 대응 훈련을 실시

▶ 각 지역별로 관련 기관 및 민간까지 참여할 수 있는 상시적인 협력체의 운영이 필요

▶ 비상대응계획과 매뉴얼, 모의훈련 등을 법제화하고 위기대응 매뉴얼 개발을 의무화

■ **구체적이고 전문적인 사후 수습제도의 마련**

- 위기를 수습할 수 있는 실행계획들을 구체화

  ▶ 현장에 대한 정리, 피해자 관리 및 지원, 유가족의 관계 관리 등에 대한 원칙을 지역주민에게 천명하고 구체적인 내용을 법제화하여 실천력 제고
  ▶ 위기의 범위에 따라서 매뉴얼을 세부적으로 작성하고, 지역 내에 활용 가능한 자원의 동원을 비롯한 유관기관 간의 상호 공조의 내용을 적시

- 현장보존과 원인규명, 피해자 사후관리에 이르는 과정을 중립적이고 객관적으로 관리

  ▶ 사고원인 규명을 위한 공청회 등을 개최하여 객관적인 처리결과를 공개하여 사고 관계자 및 일반 대중의 의혹 해소를 위해 노력

- 지역의 위기관리기구들을 정비하여 인위적이고 사회적인 돌발적인 재난에 대한 수습능력을 세고

  ▶ 다양한 경험을 가진 인적 자원을 배분
  ▶ 조직 내에서 각 부문 간에 활발한 정보 교환과 커뮤니케이션이 일어날 수 있도록 소통 채널을 정비

Memo.

- **위기관리 지식의 축적과 피드백(feed back)**
  - 위기관리 시스템의 지속적인 업그레이드를 위하여 위기관리 자료와 지식을 축적
    - ▸과거의 사례로부터 개선점을 찾는 학습이 미흡하여 대형 참사가 지속적으로 재발되어 왔음
    - ▸유사한 재난이 반복되어 위기관리 시스템에 대한 신뢰가 더욱 약화됨
  - 실패 사례를 포함한 위기와 관련한 지식을 체계적으로 축적하고 활용할 수 있는 노력 필요
    - ▸위기에 대한 대응활동들이 적절했는지 또한 매뉴얼대로 진행되었는지의 여부를 평가하고 활동에 관한 기록을 체계적으로 남길 필요성 있음
    - ▸각 사례별로 데이터베이스를 구축하는 것도 한 방편이 될 것임

- **언론과의 공조체제 강화**
  - 대중과의 커뮤니케이션이 위기관리의 핵심이이라는 것을 인식해야 함
  - 돌발사고의 가능성 및 위험, 대비책을 언론에게 자세하게 알려 사고로 인한 피해들을 최소화할 수 있음
  - 위기관리에 언론도 참여할 수 있는 사전적인 노력이 필요
    - ▸영국의 미디어 비상사태 포럼(Media Emergency Forum)과 같은 협의체를 운영하여 협력체계를 구축
    - ▸언론이 위험요소에 대한 대중적인 경각심을 불러일으키고 위기 시에는 대처 방안에 대한 정보를 제공할 수 있도록 함

일반대중과의 커뮤니케이션

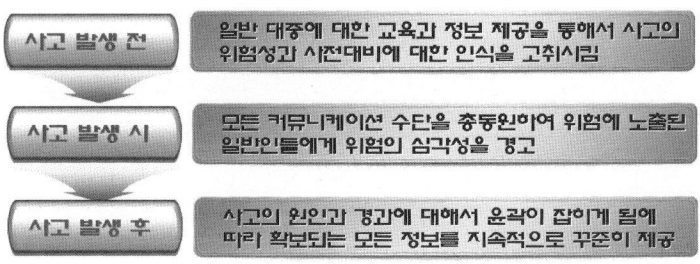

■ 국가 차원의 위기관리 시스템의 정교화
 － 사전대비(Preparedness), 현장대응시스템 강화(Response), 사후 수습(Resilience), 피드백(Feedback), 언론과의 공조체제를 강화하는 등의 노력을 지속적으로 한다면 국가 차원의 위기관리 시스템도 안정화(stabilization)될 것임

평가 및 보완을 통한 국가 위기관리 시스템의 강화

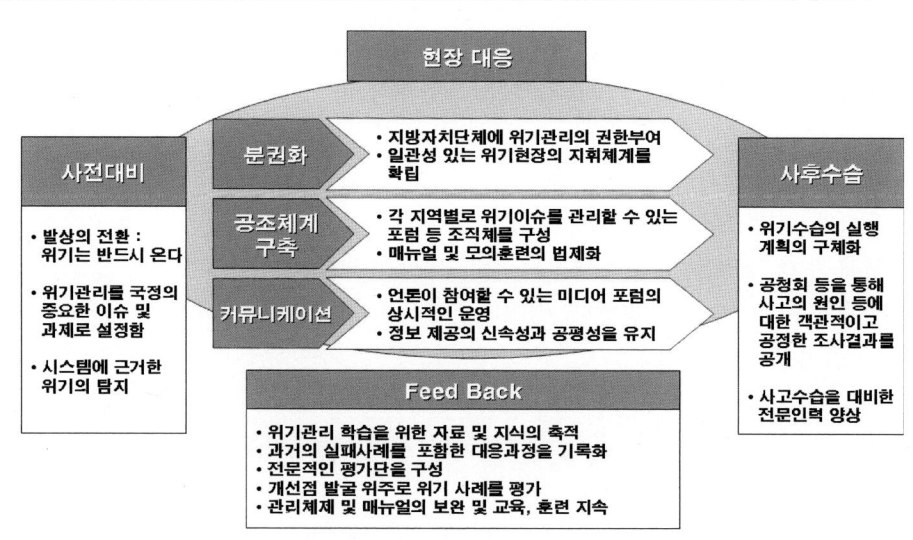

Memo.

3.4.1 리스크 커뮤니케이션 실행 10단계

- **1단계. 초기 사실 확인**
  - 관련 상황에 대한 조사: 30분 혹은 1시간 이내에 주요 Fact 정리
  - 위기관리팀(CMT) 소집 / 보고
    * 누가, 무엇을, 언제, 어떻게, 어디서 그리고 왜?
      어떠한 영향(결과)이 있었는가?
      우리가 취한(혹은 취할) 대응 조치는 무엇인가?
      현재 누가 영향을 받았고 앞으로 추가 영향을 받을 대상은?
      필요한 Resource는 무엇인가? 등

- **2단계. 위기관리팀 소집**
  - CMT 소집(CEO, 각 부서장)
  - 위기상황의 문제 조사 및 분석, 대응단계별 실제 해결 Action 결정
  - 주요 대응분야별 역할 및 책임 확인
  - 부서별 이해관계자 대응 커뮤니케이션 전략 및 Action 결정
    * 누구에게, 무엇에 대해, 어떻게, 언제 등 답변 준비(위기관리 커뮤니케이션 매뉴얼에 준비되어 있어야 함)

- **3단계. 위기관리센터 운영**
  - 장기 이슈로 진행될 경우 상황 컨트롤할 수 있는 관리센터 운영
  - 문의처리 시스템 구축
    * 외부 문의사항 대응, 기록, CMT에 보고

- **4단계. 양방향 커뮤니케이션 유지**
  - 주요 이해관계자들의 시각 모니터링, 타깃 그룹과의 정보 교류 지속
  - 부정적 인식 개선 위해 이해관계자의 관심사항 대응
  - 새로운 문의사항에 시의적절한 대응 메시지 개발 및 전달 작업 지속

- **5단계. 방문자 관리**
  - 사건 현장 방문하는 피해자의 가족, 친구, 언론, 통행인 등 방문자 관리
  - 관련 정보 제공할 수 있도록 특정팀 운용
  - 온라인 방문자의 문의사항 적극 관리

- **6단계. 조사작업 지속**
  - 상황 업데이트(하루 3번 이상 미팅), 대내외적 정보 공유
  - 새로운 정보와 관련 정보에 대한 분석 공유
  - 최악의 상황을 가정한 시나리오 가정, 세부사항 지속 체크
    - * "관련 위기상황이 종결되기 전까지는 끝맺음이란 없다"

- **7단계. 필요시 항로 조정**
  - 위기가 전개되는 방향에 맞추어 계획 및 운용방식 보완
  - 새로운 가능성 및 맹점 파악 노력 지속
  - 위기 해결을 위해 노력하고 있음을 대내외적으로 인식시키는 커뮤니케이션 활동 지속

- **8단계. 모니터링 유지**
  - 주요 이해관계자들의 반응 및 인식 수집 지속
    - * 면대면 커뮤니케이션, 핫라인, 포털사이트 이슈 토론방, 이메일 등

- **9단계. 위기관리 과정 리뷰**
  - 위기상황이 종결되면 위기대응과정을 전체적으로 리뷰
    - * 어떤 대응 액션이 성공했는가?, 어떤 대응 액션이 실패했는가?
      어떤 대응 액션을 놓쳤는가?, 핵심 Learning Point는 무엇인가?
      어떤 개선사항이 필요한가?, 스케줄 및 액션 플랜에 맞게 이루어졌는가?

- **10단계. 위기종결 공표**
  - 위기 리뷰 리포트 작성, 주요 미디어와 이해관계자들에게 제공
  - 위기 종결 상황 공표, 위기관리 협조에 감사하는 뜻 전달
    - * 일정기간은 주요 이해관계자들의 인식을 지속적으로 모니터링하고 대응 지속

3.4.2 위기관리 인식개선을 위한 4계명과 리스크 커뮤니케이션의 3원칙

■ 현재 잘못된 위기관리의 인식개선을 위한 4계명
1) 위기를 사전에 관리하는 것이 아닌 비용개념으로 보는 관점
   - 위기를 단순히 비용 지출 개념으로 보는 것은 위험
   - 위기는 투자개념으로 보아야 함. 오히려 엄청난 피해를 입고 이를 복구하는 비용을 대는 것보다는 당장은 위협적이지 않지만 발생 가능한 위기대비에 투자하는 것이 더욱 비용효율성이 높을 것임
2) 위기관리를 위기가 발생했을 경우 대응하는 전략 정도로 이해하는 관점
   - 위기관리에서 가장 바람직한 전략은 위기의 징후를 사전에 탐지하여 위기가 발생하는 것을 예방하는 것임
   - 따라서 위기관리는 위기가 발생한 사후에 처리하는 것이 아니라 사전예방과 사후처리를 아우름을 명심해야 함
   - 기업이든 국가경영이든 사후약방문 식의 위기 대응은 동일한 위기 시에도 적절한 대응을 할 수 없게 함
3) 위기관리를 하나의 독립된 국가 및 기업 경영 활동 분야로 보는 관점
   - 전반적인 조직 시스템 내에서 위기관리를 대비하고 이해해야 함
   - 조직구성원의 사기와 스트레스 해소 방안, 조직의 문화, 위기관리를 고려한 조직의 전략 등 조직 시스템의 모든 면을 고려해야만 비로소 총체적인 위기관리가 가능함
4) 위기관리는 단기적인 처방으로 가능하다고 보는 관점
   - 이해관계자들과의 장기적인 관계(relation)에 기반을 두지 않으면 위기관리는 성공하기 어려움
   - 지속적이며 장기적인 관계를 유지하며 사회적 책임을 다하고 커뮤니케이션의 폭을 넓히는 등의 노력이 필요함

■ 리스크 커뮤니케이션의 3원칙

1) Perception＝Reality
2) Goal＝Trust＋Credibility
3) Communication＝Skill

리스크 커뮤니케이션 3원칙의 세부 내용들

- Perception = Reality
  - 비록 이해관계자들의 위기상황에 대한 수용이 사실에 근거하지 않고 있더라도 이를 간단하게 처리해서는 안됨
- Goal = Trust + Credibility
  - 위기관리 커뮤니케이션의 성공적인 목적은 이해관계자들과의 근원적인 신뢰이며 신뢰로 쌓은 지난 경험이 위기 상황에서도 신용으로 남는 것임
- Communication = Skill
  - 신뢰를 얻고, 처리결과가 긍정적이더라도 성공적인 위기관리 커뮤니케이션에는 커뮤니케이션 기술(skill)이 중요한 역할을 함

Memo.

3.4.3 위기대응 관련 법적 문제

■ **리스크 커뮤니케이션 실행과 법적 문제**
  - 조직의 명성에 미치는 장기적인 영향과 그에 따른 재정 손실은 그 어떤 법적 결과보다도 훨씬 치명적일 수 있음
  - 일어난 사고에 대해 유감의 뜻을 표명한다고 해서 그것이 책임의 인정을 의미하는 것은 아님
  - 법적인 사례에 대항하여 커뮤니케이션 사례를 주장할 땐 역사적인 전례들을 언급하는 것이 유리
  - 책임소재가 명백히 밝혀지기 전까진 절대로 책임을 인정해서는 안 됨
  - 사고의 원인을 절대로 섣불리 추측해선 안 됨
  - 기소 당했을 경우에는 제3의 권위 있는 그룹을 동원해 무죄를 증명하는 편이 좋음. 자체적인 항의만으로는 불충분함
  - 보상에 관한 질문을 회피해선 안 됨
  - 위로금을 준비해야 함. 호의적 원조가 책임인정을 의미하는 것은 아님
  - 변호사와 보험회사의 충고를 맹신하지 말 것. 그들도 실수할 수 있음을 명심

■ **법적인 피해구제**
  ▷ 정정 보도청구[민법764조]
    - 허위보도를 한 언론사에게 스스로 해당 기사가 잘못되었음을 밝히고 정정기사를 게재 또는 방송해 줄 것을 요구(허위일 경우에 한정, 직접 소제기도 가능)
  ▷ 반론보도청구[정간법16조]
    - 잘못된 사실이나 사실관계 왜곡(편파, 허위, 과장 등)에 한해, 언론보도로 피해를 입은 자신이 작성한 반론문을 게재 또는 방송해 줄 것을 요구(직접 피해당사자가 신청)
    - 사설, 만화, 독자투고 등이 대상

■ 법적인 피해구제(계속)

▷ 명예훼손으로 인한 손해배상 청구[민법750조]

- 피해발생, 보도의 위법성, 언론사의 고의 또는 과실로 피해자가 언론사의 불법행위 입증 가능한 경우

▷ 금지청구[판례]

- 피해를 입을 가능성이 있는 언론보도를 막는 사전적 구제수단
- 법원으로부터 보도금지재판을 받아 가처분명령 형식으로 신속히 이루어짐
- 고도의 위법성이 있거나 공공이익과 관련 없으면서 가해자의 비방목적이 분명한 경우 등에만 허용

Memo.

3.4.4 성공적인 위기관리 커뮤니케이션을 위한 미래과제

■ 리스크 커뮤니케이션의 핵심과제
1) 발생 가능한 위기 상황의 효과적인 진단과 예측, 대비 및 대응능력을 강화시킬 수 있는 조직원의 커뮤니케이션 능력
2) 신속하게 위기상황을 파악하여 의사결정을 내릴 수 있는 커뮤니케이션 시스템 구축
3) 외부여론의 쟁점사항에 대한 효과적인 대응논리, 즉 정부, 환경단체, 지역주민 등 다양한 이해관계자에 대한 맞춤형 커뮤니케이션 전략 수립
4) 실제 미디어보도에 대한 효과적 대응과 기업 차원의 능동적인 대미디어 대응체계 수립

■ 리스크 커뮤니케이션을 위한 기본 조건
☞ 위기상황 예측, 예방 자세 확립
☞ 위기관리 시스템 진단, 상시 점검
☞ 위기관리 커뮤니케이션 체계 구축 및 상시 점검
☞ 위기관리 및 커뮤니케이션 시스템 구축: 매뉴얼 구축 및 교육훈련

3.5. 위기관리 커뮤니케이션 실습

1. 위기 정의

> ※ 매뉴얼 구축의 전제가 되는 상징 리스크를 명확히 설정한다.
> 예) 대규모 수질오염 사고 (원인: 화학폐기물의 하천 유입)
> 불매운동으로 인한 경제적 타격 (원인: 심각한 상품결함으로 인명피해 발생)

우리 기업이 고려해야 할 Risk Issue	1)	2)	3)
위기의 원인 (커뮤니케이션 차원)			

☞ 위기별 진단

1) 이 위기가 발생할 가능성은 어느 정도인가?(위기 발생가능성)

발생가능성 없음	거의 불가능	매우 희박	희박한 정도	약간의 발생가능성 (타 기업에서 이미 발생)	발생가능성 높음 (위기 징후 명확)

2) 만약 이 위기가 발생한다면, 언론의 관심은 얼마나 될 것인가?(언론 이슈화 정도)

무관심	관심(보도화 판단 불가)	단신 보도 수준	관심 집중	집중 조명

3) 만약 이 위기가 발생한다면, 공중의 관심은 얼마나 될 것인가?(여론화 가능성)

전혀 무관심	무관심	관 심	매우 관심

2. 조직 구성

※ 기업의 현재 상황을 고려한 위기관리 커뮤니케이션팀을 조직해 둔다.

☞ 현재 위기관리를 담당하고 있는(혹은 미래에 담당 가능한)직책 및 부서는?
_____

☞ 위에서 언급된 직책과 부서를 활용하여 위기관리 커뮤니케이션팀을 구성

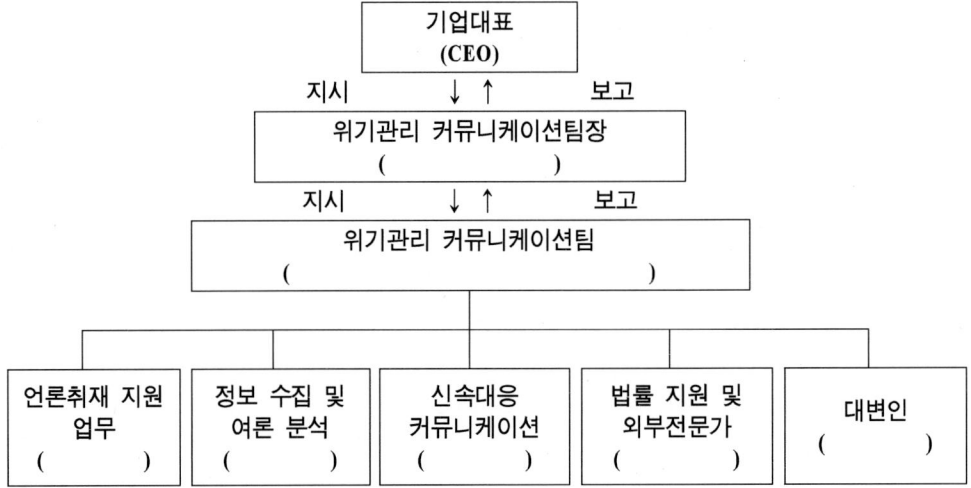

3. 사고 보고 및 전파

\# 보고 및 전파(가장 심각한 위기 상황 가정)

내 부	외부(유관기관)
1. 대표	1.
2.	2.
3.	3.
4.	4.
5.	5.

4. 대응 전략 1 (주요 공중)

1차 리스트(우선순위 작성)

대 상	목 표	전략수단
1.		
2.		
3.		
4.		
5.		
6.		
7.		
8.		
9.		
10.		

예) 직원, 언론, 시민단체, 지역주민, 국민 등

지역주민의 경우, 전략수단: 홈페이지에 사고관련 소식 게재와 지역에 위기관련 보도 자료 요약본 수시로 배포, 피해지역이 소도시일 경우 지역 내 대중교통수단(버스)과 공공장소에 기업의 위기관리 대처현황을 자세하게 명시한 게시용 홍보전단 부착, 피 해보상과 수질오염의 신속처리를 위한 지역주민 대상 간담회 개최, 지역주민과 핫라 인 개설 등

5. 대응전략 2(언론)

- 언론 리스트 작성(우선순위)

방송(TV, 라디오)과 신문, 잡지	인터넷
1.	1.
2.	2.
3.	3.
4.	4.
5.	5.
6.	6.

6. 보도자료 작성 연습

보도자료	(기업로고)　　　**푸른화학** 서울시 oo구 oo동 123-245 oo빌딩(123-456) / 대표전화(02)345-6789 / 전송 (02)12-345 / http://abc.co.kr

수신: 각 언론사 사회부, 노동부 출입기자
제목: 취재 및 보도요청(10. 24.). 총 1페이지
담당: 위기관리팀장 김관리 (전화: 02-12-3456)
　　　보도자료담당 김보도 (02-321-6543, 011-234-5678, 이메일)

속초 oo천 폐기물 유출, 위기관리팀 가동

10월 23일 오전 9시 30분경, 본사 푸른화학(대표 홍길동) 소속 유해성 폐기물 수송차량이 수송 중 oo천 주변도로(속초 소재, 국도 oo호선)에서 추돌사고로 인해 차량이 oo천으로 추락하여 유해성 폐기물 전량이 유출됨
이에 본사는 즉시 위기관리팀을 가동하고, 현지 공장장 및 본사 위기관리팀을 현장에 급파하여 확산방지 조치를 강구 중임

○ 사고개요(사고경과 및 원인)
- 사고경과: 10월 23일 오전 9시 30분경, 유해성 폐기물 0.75kl을 적재한 본사 소속의 수송차량이 속초를 출발, 폐기물 처리장이 있는 태백으로 운행하던 중 oo천 주변 도로에서 추돌사고로 차량이 oo천에 추락하여 유해성 폐기물 전량이 유출됨
- 사고원인: 마주 오는 화물차를 확인하지 못한 운전자의 부주의가 원인일 것으로 판단됨(정확한 원인은 확인 중)

○ 현재상황 및 예상피해
- 현재상황: 속초지역의 oo천을 거쳐 △△강에 유해성 폐기물이 유입되어 광역취수장이 위치하고 있는 □□댐으로 유입, 확산되고 있음
- 예상피해: 식수원인 광역취수장에 수질오염 피해로 취수중단과 함께 식수 음용 시 치명적인 인체 피해 가능성 예상됨

○ 위기관리 조치 사항
- 사고상황을 보고받은 푸른화학 홍길동 대표는 즉시 위기관리팀을 가동(팀장, 홍길동 본부장)하여 오염지역 확산방지작업을 최우선 실시할 것을 지시
- 현지 공장장이 사고발생지역에 급파되어 긴급조치 강구
- 본사 본부장 및 위기관리팀 현장 급파, 후속 조치 중(환경관리청과 협조하여 확산방지 작업 중)

○ 향후 위기관리 계획
- 홍길동 대표는 "추후 이러한 일이 재발하도록 모든 조치를 강구하도록 하겠다"고 강조함
- 광역취수장 정수작업 조속 실시, 식수원 문제 해결할 것임
- 공장에서 폐기장까지의 이동경로에 대해 재점검할 것임
- 운전원 교육 및 동승자 감독 시스템 구축할 것임 등

보도자료	(기업로고) 서울시 oo구 oo동 123-245 oo빌딩(123-456) / 대표전화(02)345-6789 / 전송 (02)12-345 / http://abc.co.kr

수신: 각 언론사 사회부, 노동부 출입기자
제목: 취재 및 보도요청(10. 24). 총 1페이지
담당: 위기관리팀장   (전화:)
　　　보도자료담당   (   )

○ 사고개요(사고경과 및 원인)

－사고경과:

－사고원인:

○ 현재상황 및 예상피해

－현재상황:

－예상피해:

○ 조치 사항

－

－

－

○ 향후 계획

－

－

－

－

7. 이슈 관리 계획표

☞ 현재의 위기 이슈를 관리하기 위한 관리 계획표 작성

Issue Management Planner
이슈 Issue / Subject
입장 Position Statement
커뮤니케이션 주체 Communication Theme
타깃 오디언스 Target Audience 1.   2.   3.
핵심 메시지 Key Message 1. 2. 3.
관련 근거 및 보조 메시지 Rationale / Evidence, Supporting Message 1. 2. 3.
인용 가능한 코멘트 Quotable Comments 1. 2.
관련사례 Examples
비유 및 은유 Analogy / Metaphor

8. 이해관계자들에 대한 행동 평가

☞ 위기상황에 대한 이해관계자들의 대응과 행동 패턴 평가

Stakeholder Reaction Assessment
이해관계자 그룹 (명칭): 예) 주주 그룹
현재 위기 관련 커뮤니케이션 성공의 중요성 판단 : 최저 ◀ 1 2 3 4 5 ▶ 최고
지지그룹 ☐   적대그룹 ☐   양면적(Ambivalent) ☐
현재 이 이해관계자 그룹의 중요성 : 전혀 ☐   약간 ☐   보통 ☐   중요 ☐   매우 중요 ☐
최초 Reaction 예상 1. 2.
입장 변화를 위한 전략 1. 2.
핵심 메시지 1. 2.
제공 정보 및 수단:
접촉 정보 (일시, 대상, 방법): 피드백 결과: 향후 접촉 계획:

9. 우선 응답 체크 리스트

☞ 현재 위험 상황을 신속하게 대처하기 위한 커뮤니케이션 체크 리스트

Initial Response checklist		
현 위험상황에 대해 알고 있는 것(조직 및 개인 차원)		
현 상황에서 접촉할 수 있는 또 다른 정보원 1. 뉴스(지역뉴스) 2. 정부기관 3. 사고 장소에 있던 다른 목격자 4. 관련기관(소방서, 경찰서 등) 5. 기타		
현 상황에서 인식할 수 있는 피해범위 및 정도		
부차적으로 발생 가능한 위험의 정도		
접촉이 요구되는 대상들	YES	DONE
1. 지역의 관련정부 기관들(의료 및 소방 관련기관)	☐	☐
2. 지역병원	☐	☐
3. 사법기관	☐	☐
4. 미디어(지역 / 중앙)	☐	☐
5. 비즈니스 측면의 이해관계자들	☐	☐
6. 기타	☐	☐
즉각적으로 위험을 봉쇄하거나 제한할 수 있는 방법		
위험을 줄이기 위해서 관련된 이해관계자들이 수행해야 할 행동		
사고 상황 정보공개의 필요 유무 Yes ☐ No ☐ If yes, 1. 시간(When) 2. 장소(Where) 3. 대변인(spokesperson) 4. 미디어 종류(라디오 / TV / 신문 / 인터넷 등)		
접촉이 요구되는 대상들	YES	DONE
1. 신문 외 인쇄매체	☐	☐
2. 전단지	☐	☐
3. 간략한 보고서	☐	☐
4. 핫라인(Hot Line)	☐	☐
5. 웹(인터넷)	☐	☐
6. 팩스	☐	☐
7. 기타	☐	☐
간략한 용어로 사건을 다룰 수 있는 커뮤니케이션 Source		

10. 사고 및 긴급사태 보고서 양식

☞ 긴급사태 통보를 받았을 때 이 양식을 사용하여 정보를 기록하시오

- 사고발생 소스:
- 사고 내용:
- 발생 장소:
- 발생시간(날짜 및 시각):
- 사고 경위:
- 사고 경과:
- 기타 확인된 정보:
- 보고서 작성자: 작성시각:

11. 통화 기록부 양식

☞ 긴급사태 통보를 받았을 때 이 양식을 사용하여 정보를 기록하시오

- 우선순위:
- 주요 통신사:
- 국제 언론:
- 국내 주요 tv 및 일간지 :
- 직　원:
- 기　타:
- 날짜 및 시각:
- 송화자:
- 성　명:
- 언론사명:
- 위　치:
- 전화번호:
- 통화내용:
- 기　타:
- 위의 송화자에게 전화를 걸어준 사람:

토론 주제

1. 3시간 내에 조치를 취하지 못하면 기업 도산에 이를 정도로 심각한 사건 발생. 위기관리 커뮤니케이션 차원에서 준비할 사항들은?

2. 최근 국내외 동종(및 유사)업계에서 위기관리 커뮤니케이션 실패사례를 예로 들어 그 과정 및 요인을 설명, 실패방지를 위한 대응전략을 제안한다면?

3. 온라인에서 발생할 수 있는 위기와 그에 따른 커뮤니케이션 대응전략은?
   각 이슈별 메시지, 예상 질의 및 응답 등 인덱스 작성

4. 인터넷 포털에 회사와 관련해 악성 정보가 퍼진 상황, 이를 해결하기 위한 방안은?
   (루머인 경우, 과장된 경우, 진실인 경우 등을 구분해 대응책 마련)

5. 언론에서 사회적 비난 여론이 높아 불매운동이 벌어지려는 상황이라면?

6. 치명적인 사고가 발생하여 최초의 미디어 인터뷰가 있을 예정, 그에 따른 준비사항은?
   (특정 사고 상황을 가정하고 장소, 정보 등 가능한 모든 사항)

7. 대표이사의 비리가 언론 특종으로 보도된 상황을 가정, 커뮤니케이션 차원에서 어떠한 전략적 대응이 필요한가?

8. 위기 발생 시 주요 이해관계자(스테이크홀더)를 나열하고, 그에 따른 커뮤니케이션 수단 및 전략을 제시하면?

참고문헌

김영욱(2002). 『위기관리의 이해: 공중관계와 위기관리 커뮤니케이션』, 책과길.

김영평 외(1995). 한국인의 위험인지와 정책적 함의, <한국행정학보>, (29권, 3호).

김원제(2006). 『기업의 지속가능경영을 위한 위기관리 커뮤니케이션 연구』, 대한상공회
　　　의소 지속가능경영원.

김학성(1995). 『산업사회와 위험사회』, 서울: 황해문화.

김학수(1993). 『한국 과학기술의 대중화정책 연구』, 서울: 일진사.

빅동준(2006). 『기입의 위기관리 프레임워크 및 진단: 기업위기관리의 프레임워크와 위
　　　기대응을 위한 Risk SWOT 기법 및 활용절차』, 대한상공회의소 지속가능경영원.

삼성경제연구소(1996). <기업의 위기관리: 실천적, 전략적 리스크 매니지먼트>.

삼성경제연구소(1997). <환경경영전략으로서의 환경위기관리 방안>.

삼성경제연구소(2001). <돌발사태와 기업의 위기대응>, CEO INFORMATION.

서보윤(2005). 『디지털사회의 위험 커뮤니케이션에 관한 연구: 정보보호캠페인 전략을
　　　중심으로』, 중앙대학교 대학원 박사학위논문.

송인경(2006). <지속가능경영과 글로벌 컴팩트>, ECO-FRONTIER.

송해룡·김원제(2005). 『위험커뮤니케이션과 위험수용』, 서울: 커뮤니케이션북스.

송해룡·김원제·조항민 역(2006). 『위험보도』, 서울: 커뮤니케이션북스.

송해룡·한스 페터 페터스(2001). 『위험커뮤니케이션』, 서울: 커뮤니케이션북스.

LG경제연구원(2006). <리스크 관리 연착륙의 조건>, CEO REPORT.

LG경제연구원(2008). <위기 관리를 위한 전략적 고객 커뮤니케이션>, Weekly focus.

이연(2006). 『위기관리와 매스미디어』, 서울: 학문사.

이정춘(1996). 현대사회의 위험과 위험보도의 쟁점에 대한 고찰, <한국언론학보>, 제37
　　　권, 62~91.

정보통신정책연구원(2006). 일상의 안전을 위한 미래의 사회시스템: 지식정보사회의 위
　　　험관리, <21세기 한국 메가트렌드 시리즈 Ⅳ 06-08>.

Adam, B., Beck, U., and Loon, J. V. (2000), *The Risk Society and Beyond*, London: Sage Publications Ltd.

Albrecht, S. (1996). *Crisis Management for Corporate self—Defense; How to protect your Organisation in a Crises; How to stop a Crisis before it stars*, New York.

Barton, R. A. (1983). *Behavior in organizations: Understanding and managing the human side of work*, Boston: Allyn & Bacon.

Bennet, P. (2001), Understanding responses to risk, in Bennet, P., and Calman, K.(ed), *Risk communication and public health*, Oxford medical publications.

Coombs, T. (1999). *Ongoing crisis communication: Planing, Managing, and Responding*, Sage publications. Inc, 이현우 역(2001), 『위기관리 커뮤니케이션』, 서울: 커뮤니케이션북스.

Covello, V., von Winterfeldt, and Slovic, P. (1986), Risk Communication: A Review of the Literature, *Risk Abstracts* 3, 4.

Cutter(1993), *Living with Risk: The Geography of Technologial Hazards*, Edwards arnold.

Dougherty, D. (1992). *Crisis Communications: What every executive needs to know*. New York.

Fearn—Banks, K. (1996). *Crisis Communications: A Casebook Approach*. New Jersey.

Gerrard, S. (2001), Learning from experience: the need for systematic evaluation methods. in Bennet, P. and Calman, K.(ed), *Risk communication and public health*, Oxford medical publications.

Giddens, A. (1994), *The Consequence of Modernity*, Stanford: Stanford University Press.

Gray, P. C. R., Stern, R. M., and Biocca, M. (1998). *Communicating about Risks to Environment and Health in Europe*. Dordrecht.

Fearn—Banks, K. (1996). *Crisis communication: A casebook approach*, Mahwah, NJ: Lawrence Erlbaum Associates.

Kasperson, R. E., Ortwin, R., Slovic, P., Brown, H., Emel, J., Goble, R. L., Kasperson, J. X., and Ratick, S. J. (1988). The social amplification of risk: A conceptual framework. *Risk Analysis*, 8(2), 177—187.

Kolluru, R. V. (1995). Risk Assesment and Management; A unified Approach, in:

Kolluru, R. V., Bartell, S., Pitblade, R., Stricoff, S.(Hg.): *Risk Assesment and Management Handbook. For Environmental, Health and Safety Professionals.* New York.

Lane, C., Bachmann, R. (1998). *Trust within and between organizations.* Oxford.

Lerbinger, O. (1997). *The crisis manager: Facing risk and responsibility,* Mahwah, NJ: Lawrence Erlbaum Associates.

Margolis, H. (1996). *Dealing with Risk. Why the Public and the Experts disagree on Environmental Issues.* Chicago.

Marra, F. J. (1992). *Crisis public relations: A theoretical model. Doctoral Dissertation not published.* University of Maryland. College Park, MA.

Mitroff, I. I., & Anagnos, G. (2001). *Managing crises before they happen: What every executive and manager needs to know about crisis management.* New york: AMACOM.

Mitroff, Ian. I. & Pauchant, T., (1999). *The Environmental & Business Disasters Book; How Big Business Avoids Responsibility for its Catastrophes.*

Mitroff, I. I., and Pearson, C. M. (1993). *Crisis Management: A diagnostic guide for improving your organization's crisis —preparedness.* San Francisco, CA: Jossey— Bass Publishers.

National Research Council (1989). *Improving Risk Communication.* Washington.

National Research Council (1996). *Understanding Risk. Informing Decisions in a Democratic Society.* Washington.

Paunchant, T. C., & Mitroff, I. I. (1992). *Transforming the crisis —prone organization: Preventing individual, organizational, and environmental tragedies:* San Francisco: Jossey—Bass.

Pearson, R. & Clair, J. A. (1998). Reframing crisis management, *Academy of Management Review*, 23(1), pp.59—76.

Pinsdorf, M. (1987). *Communicating when your Company is under Siege.* Lexington.

Renn, O. (1998). The Role of Risk Perception for Risk Management. *Reliability Engineering and System and System Safety 59.*

Renn, O., Webler, Th., Wiedemann, P. M.(Hg.). (1995). Fairness and Competence in Citizen Participation. *Evaluating Models for Environmental Discourse*. Dordrecht.

Rohrmann, B. (1995). Risk Perception Research: Review and Documentation. *Studies in Risk Communication 48*. Juelich.

Slovic, P., ed. (2000). *The Perception Of Risk*. London: Earthscan Publication, Ltd.

Slovic, P., et al. (2004). Risk as Analysis and Risk as Feelings: Some Thoughts about Affect, Reason, Risk, and Rationality. *Risk Analysis*. 24(2), pp.311-22.

Taig, T. (2001). Risk communication in government and the private sector: wider observations, in Bennet, P. and Calman, K.(eds), *Risk communication and public health*, Oxford medical publications.

송해룡 •약 력•

성균관대학교 신문방송학과에서 석사학위를 받고, 독일 뮌스터대학교에서 언론학 박사학위를 받았다. 원광대학교 교수, KAIST 대우교수를 거쳐 현재 성균관대학교 신문방송학과 교수로 재직 중이다.

•주요논저•

『나노와 멋진 미시세계』(2007, 공저), 『디지털미디어 길라잡이』(2007, 공저), 『대한민국은 지금 체험지향사회』(2006, 공저), 『휴대전화 전자파의 위험』(2006, 공저), 『위험보도』(2006, 공역), 『위험보도와 매스커뮤니케이션』(2005, 공저), 『위험커뮤니케이션과 위험수용』(2005, 공편), 『미디어스포츠』(2004, 역), 『디지털미디어 서비스 그리고 콘텐츠』(2003), 『위험보도론』(2003, 역), 『스포츠 미디어를 만나다』(2003), 『위험커뮤니케이션』(2001), 『디지털 커뮤니케이션과 스포츠콘텐츠』(2001) 등 다수의 저서와 논문이 있다.

김원제 •약 력•

중앙대학교 대학원에서 언론학 석사학위를 받았으며, 성균관대학교 대학원에서 언론학 박사학위를 받았다. 현재 (주)유플러스연구소 대표연구원(연구소장), 한국문화콘텐츠기술학회 이사, 사이버문화콘텐츠아카데미 책임교수를 맡고 있다.

•주요논저•

『감성펀치』(2008, 공저), 『나노와 멋진 미시세계』(2007, 공저), 『퓨전테크 그리고 퓨전비즈』(2007, 공저), 『대한민국은 지금 체험지향사회』(2006, 공저), 『스포츠코리아』(2006), 『호모미디어쿠스』(2006), 『위험보도』(2006, 공역), 『미디어스포츠 사회학』(2005), 『위험커뮤니케이션과 위험수용』(2005, 공편), 『유비쿼터스 사회와 방송』(2005, 공저) 등이 있다. 과학기술부장관상(2004), 문화관광부장관상(2005) 등을 수상했으며, 월간 <프린팅코리아>에 디지털문화칼럼을 연재하고 있다.

조항민 •약 력•

성균관대학교 대학원에서 언론학 석사학위를 받았으며, 성균관대학교 대학원의 언론학 박사과정을 수료하였다. 현재 (주)유플러스연구소 연구1팀장으로 있다.

•주요논저•

『나노와 멋진 미시세계』(2007, 공저), 『대한민국은 지금 체험지향사회』(2006, 공저), 『위험보도』(2006, 공역), 『문화콘텐츠 블루오션』(2005, 공저)의 저서가 있다. 과학기술부장관상(2004), 문화관광부장관상(2005), 충청북도지사상(2005), 국가보훈처장상(2005) 등의 논문상을 수상했다.

리스크 커뮤니케이션과 위기관리 전략
Risk Communication Manual

- 초판 인쇄   2008년 7월 20일
- 초판 발행   2008년 7월 20일

- 지 은 이   송해룡 · 김원제 · 조항민
- 펴 낸 이   채종준
- 펴 낸 곳   한국학술정보㈜
              경기도 파주시 교하읍 문발리 513-5
              파주출판문화정보산업단지
              전화   031) 908-3181(대표) · 팩스   031) 908-3189
              홈페이지 http://www.kstudy.com
              e-mail(출판사업부) publish@kstudy.com
- 등   록
- 가   격   22,000원

ISBN   978-89-534-9890-7 93320 (Paper Book)
       978-89-534-9891-4 98320 (e-Book)